SPICKZETTEL FÜR LEHRER

CARL-AUER

Martin Lemme/Bruno Körner

»Neue Autorität« in der Schule

Präsenz und Beziehung
im Schulalltag

Sechste Auflage, 2022

Reihe »Spickzettel für Lehrer«, Band 16
hrsg. von Christa Hubrig
Reihengestaltung: Uwe Göbel
Satz: Heinrich Eiermann
Printed in Germany
Druck und Bindung: CPI books GmbH, Leck

Sechste Auflage, 2022
ISBN 978-3-8497-0429-2 (Printausgabe)
ISBN 978-3-8497-8358-7 (ePUB)

Bibliografische Information Der Deutschen Nationalbibliothek:
Die Deutsche Nationalbibliothek verzeichnet diese Publikation
in der Deutschen Nationalbibliografie; detaillierte bibliografische
Daten sind im Internet über http://dnb.d-nb.de abrufbar.

Informationen zu unserem gesamten Programm, unseren Autoren
und zum Verlag finden Sie unter: www.carl-auer.de.
Dort können Sie auch unseren Newsletter abonnieren.

Carl-Auer Verlag GmbH
Vangerowstraße 14 • 69115 Heidelberg
Tel. +49 6221 6438-0 • Fax +49 6221 6438-22
info@carl-auer.de

CARL-AUER

Spickzettel für Lehrer – systemisch Schule machen

»Hast du einen Spickzettel?« Diese Frage kennen wir noch aus der Schulzeit, aus der Schülerperspektive, wenn es darum ging, sich auf Prüfungen und Klassenarbeiten vorzubereiten. Wechseln wir die Rolle und Perspektive und stellen uns auf die andere Seite des Klassenzimmers, auf der die »Wissenden«, d. h. die Lehrer, stehen. Schnell wird deutlich: Bei aller Erfahrung gibt es doch erhebliche »Wissenslücken« im Umgang mit schwierigen Situationen, ob sie nun das Lernen selbst, die Schule als Organisation oder die Beziehungen und das Verhalten der Beteiligten betreffen.

Systemisch orientierte Pädagogen können sich hier ruhig und entspannt zurücklehnen, wohl wissend, dass sie selbst »Fragende« sind – Fragende bezüglich passender

Antworten auf die sich stets wandelnden und neu entstehenden Konfliktfelder in der Organisation Schule, zwischen Schülern und Lehrern, zwischen Schule und Eltern und auch mit dem politischen Umfeld von Schule.

Aus systemischer Sicht sind Schwierigkeiten immer mit Lernchancen verbunden. Wo der Blick vom Problem auf die Lösung wechselt, wo man statt hinderlicher Defizite hilfreiche Ressourcen ins Auge fasst, kommt auch die Haltung in Bewegung. Ein gut platzierter Unterschied zieht dann oft viele positive Änderungen nach sich.

Die Bücher dieser Reihe wollen Einladungen sein, sich auf diese andere Sichtweise einzulassen. Sie sollen Lehrern, Erziehern und Schulleitern Methoden und Strategien zum täglichen Handeln anbieten, die Ihnen die Arbeit – und im besten Fall: das Leben – leichter machen. Sie sind auch Rezepte, die man ausprobieren und mit eigenen Zutaten verfeinern kann.

Ich wünsche Ihnen viel Spaß beim Lesen, Erfahren und Ausprobieren!

Dr. Christa Hubrig

Herausgeberin der Reihe Spickzettel für Lehrer

Inhalt

Spickzettel – bitte vorzeigen!

Spickzettel, wer kennt ihn nicht … sollte er doch als Hilfsmittel in einer Klassenarbeit oder bei der Präsentation von Aufgaben dienen – heimlich, damit der Lehrer[1] dies nicht sieht … Heimlich, also nicht sichtbar für andere!

Wir möchten dafür plädieren, dass Sie mit diesem *Spickzettel für Lehrer* anders verfahren. Dabei geht es uns nicht primär um die Werbewirksamkeit des Büchleins. Ein wesentlicher Aspekt der »Neuen Autorität« ist die Transparenz. Wir sind der Überzeugung, dass Lehrer, die sich mit all ihrer Unterstützung (Kollegen, Eltern, Hilfsmittel, Spickzettel …) sichtbar machen – authentisch und präsent, also in ihrer vollen Autorität –, von Schülern, Eltern, Kollegen und auch anderen deutlich wirksamer und glaubwürdiger wahrgenommen werden. Dementsprechend werden sie sich auch in kritischen Situationen wirksamer durchsetzen können. Daher also unser Aufruf: Spickzettel und Hilfestellungen – welcher Art auch immer: Bitte vorzeigen!

---

1 Wir haben uns wegen der Lesbarkeit für die männliche Schreibweise entschieden. Ausdrücklich sehen wir in gleichem Maße auch weibliche Lehrkräfte, Schülerinnen etc.

1 Einleitung und Anleitung

In den letzten Jahren sind wir immer häufiger gebeten worden, Fortbildungen für die Lehrerkollegien von Schulen anzubieten. Die Lehrkräfte berichten dann, sie würden Antworten auf Situationen und Zusammenhänge benötigen, denen sie kaum mehr angemessen begegnen könnten. Durch das Verhalten der Schüler sei ein reibungsloser Unterricht häufig erschwert. Sie seien mit Konflikten unter den Schülern, verweigerndem und provozierendem Verhalten sowie Interesselosigkeit bis hin zu Abwesenheit konfrontiert. Außerdem sei die Zusammenarbeit mit Eltern kaum noch möglich – zunehmend auch wegen sprachlicher Schwierigkeiten. Wie lässt sich nun eine Veränderung initiieren?

Aus einer systemischen Perspektive gehen wir davon aus, dass ein System sich anhand von wechselwirkungsbedingten und zirkulären Zusammenhängen entwickelt. So kann aus dieser Sicht das Verhalten von Schülern und Eltern nicht unabhängig vom Leben und Alltag in der Schule und somit auch nicht von Verhalten und Interaktionen der Lehrer – also der gesamten Schule – gesehen werden. Dies führt uns zu der Überlegung, dass wir stärker auf die Faktoren schauen sollten, die ein erfolgreiches Lehren und Lernen ermöglichen.

Aus eigener Erfahrung sowie von einschlägigen Studien (u. a. Hattie-Studie: Hattie 2014) wissen wir, dass hierbei besonders die (anerkannte) Autorität des Lehrers in Verbindung mit einer tragfähigen Beziehung zu den Schülern zählt. Wir können ebenfalls davon ausgehen, dass es uns nicht möglich ist, andere Menschen zu etwas zu zwingen (und dies zu kontrollieren), was wir zwar als richtig und angemessen erachten, worüber aber kein Konsens besteht. Wenn wir dabei auf Zwangsmaßnahmen und Sanktionen verzichten wollen, müssen wir unser Augenmerk auf die Verstärkung der eigenen Überzeugung und des daraus folgenden Handelns richten. Aus diesen Überlegungen sowie Haltung und Anwendung des gewaltlosen Widerstands (nach Mahatma Gandhi und Martin Luther King) hat sich das Konzept der »»Neuen Autorität«« entwickelt.

Der Begriff »Neue Autorität« im Buchtitel kommt manchem möglicherweise anmaßend vor, andere reagieren vielleicht besonders neugierig. Tatsächlich beschreiben wir anhand der Entwicklung eines Konzepts sowie der damit verbundenen Handlungsoptionen und -möglichkeiten eine Auffassung von Autorität, die weder auf Macht und Kontrolle noch auf einer Laisser-faire-Haltung aufbaut, sondern auf Beziehungsgestaltung, Transparenz und der Bereitschaft, sich intensiv und demonstrativ auseinanderzusetzen. Der Begriff »Neue Autorität« ist von Haim Omer (Tel Aviv, Israel) geprägt worden. Insofern schreiben und sprechen wir nicht von einer tatsächlich neu entwickelten Autorität, sondern von einer, die im Kontext der aktuellen Entwicklung neu zu interpretieren und anzupassen ist.

Wir beschreiben in diesem *Spickzettel für Lehrer* ein Konzept, welches Haim Omer seit Mitte der 1980er Jahre in Israel schrittweise umgesetzt und seit 1999 gemeinsam mit Arist von Schlippe in den deutschsprachigen Raum gebracht hat. Ursprünglich als Unterstützungskonzept für hoch eskalierte Familiensysteme (»Eltern, die Angst vor ihren Kindern haben«) entwickelt, wurde das Konzept auf die Bereiche Jugendhilfe, Schule und Gemeinde übertragen.

Im Kontext Schule stehen dabei nicht der Schüler und sein Verhalten im Fokus, sondern die Haltung und Handlungen der Lehrkräfte.

Unstrittig wird mittlerweile die Behauptung sein, dass Autorität ein zweiseitiges Verhältnis beschreibt: Autorität kann als eine Art persönliche Eigenschaft begriffen werden und wird einem zugleich von anderen zugestanden. Lehrer verlieren ihre Präsenz manchmal oder dauerhaft durch verschiedene Aspekte, die noch näher zu beschreiben sein werden – und damit verlieren sie in der Folge auch ihre Autorität. In unserem Konzept werden Handlungsoptionen beschrieben, die Lehrkräfte in ihrer Präsenz stärken und sie wieder als Autorität wirksam und anerkannt sein lassen.

Der Begriff der »Neuen Autorität« wurde von Omer und von Schlippe 2010 publiziert und eingeführt. Während die Auffassung von Präsenz insbesondere die einzelne Person bzw. die jeweils Handelnden im Fokus hat, wird mit dem Begriff der »Neuen Autorität« eine umfassendere Haltung beschrieben, die auch komplexere Systeme einschließt.

Am Ende dieses *Spickzettels* beschreiben wir einen Leitfaden, nach dem wir in Fallreflexionen vorgehen. Neben spezifischen Fragestellungen liegt diesem Leitfaden die Logik unseres Vorgehens zugrunde:

- Person, Verhalten und Bedürfnis muss man voneinander unterscheiden, wenn es um Entwicklung geht.
- Das Verhalten von Schülern wirkt sich auf den gesamten Schulkontext aus, insbesondere hat es Rückwirkungen auf die Selbstwirksamkeit (Präsenz) des Lehrers.
- Das Verhalten anderer Menschen ist nicht direkt beeinflussbar. Daher ist es notwendig, den Rahmen dieses Verhaltens so zu gestalten, dass eine gute Entwicklung darin eher möglich wird.
- Durch die Handlungsaspekte wird die Präsenz (wieder) gestärkt und stabilisiert, damit der Lehrer und das gesamte Kollegium durch beziehungsgestaltende Autorität wirksamen Einfluss auf das Zusammenleben in der Schule haben.

Wir haben die Ideen und Gedanken von Haim Omer und Arist von Schlippe vor mehr als 13 Jahren kennenlernen dürfen. Gepaart mit der systemischen Haltung hat uns in der Vergangenheit kein Konzept derartig tief greifend beeinflusst wie das der »Neuen Autorität«. Wir wünschen Ihnen, dass Sie sich von diesem Konzept inspirieren lassen, dass es Sie in einem guten Sinne verstört, anregt und belebt.

Martin Lemme & Bruno Körner

2 Präsenz und Beziehung im Schulalltag

Fragt man Schüler, was eine gute Lehrkraft mit entsprechender Autorität ausmacht, antworten sie recht einhellig beziehungsorientiert. In spontanen Befragungen (Lemme et al. 2009) antworteten die Schüler auf die Frage, welche Kriterien Lehrer auszeichnen, die sie als Autoritäten ansehen:

- Sie seien fair,
- konsequent,
- würden einen interessanten Unterricht gestalten,
- die Beteiligung der Einzelnen bemerken,
- seien bei der Sache und
- aufmerksam.
- Insbesondere hätten sie ein sichtbares Interesse an den Schülern – gerade auch außerhalb des Unterrichts – und
- seien offen für deren Anfragen.

Als autoritätsmindernd wurden wahrgenommen:

- unfaires, intransparentes Handeln,
- »Labern«,
- Kollektivstrafen,
- verbale Abwertungen,

- undurchsichtige Regeln und
- wenig anspruchsvoller Unterricht.

Lehrer erleben den Schulalltag heute als zunehmend anstrengend und herausfordernd. Sie beschreiben lustlose, unmotivierte und in zunehmendem Maße auffällige Schüler. Die Belastungen seien sowohl zeitlich als auch persönlich enorm, die Erwartungen, die von allen Seiten an sie herangetragen würden, seien sehr hoch. Nicht selten neigen Lehrer zu eskalierendem Verhalten im Umgang mit den Schülern. Die Krankenstände sind auffallend hoch. All diese Faktoren bedingen, dass sich Lehrer an ihrem Arbeitsplatz oft als hilflos erleben und ihre »Präsenz« verloren zu gehen droht (Omer u. von Schlippe 2004, 2010; Lemme et al. 2009).

Omer und von Schlippe (2010) gehen davon aus, dass alle Beteiligten an einer »sicheren Schule« interessiert sind, die sich dadurch auszeichnet, dass

- die Lehrkräfte den Schülern Schutz und Unterstützung bieten,
- mit Nachdruck gegen Gewalt und Mobbing vorgehen,
- jede Form von Gewalt und Erniedrigung vermeiden,

- um eine Atmosphäre von Ordnung und Recht bemüht sind sowie
- ein Unterstützungsnetzwerk von Eltern, Gemeindefunktionsträgern und der Mehrheit der Schülerschaft einrichten (ebd., S. 172).

»Eine der Grundvoraussetzungen für eine sichere Schule ist zuallererst das Vermögen der Lehrer … die Verhaltensregeln zu bestimmen. Diese Prämisse entspringt einer einfachen Tatsache: Wenn die Lehrer nicht fähig sind, die Verhaltensregeln zu bestimmen, so tun es die Mobber der Schule« (ebd., S. 172).

Wenn also ein Lehrer seine Autorität verliert, stellen sich viele Schüler auf die Seite derjenigen, die durch destruktives Verhalten die sozialen Regeln in der Schülerschaft bestimmen, oder sie entscheiden sich zu schweigen. Wie also kann die Autorität von Lehrern (wieder) hergestellt oder bestärkt werden, sodass deren Kraft nicht auf Drohungen, Bestrafungen, Furcht oder Gehorsam, sondern auf Präsenz, Beziehungsorientierung, Selbstkontrolle und entschiedener Anteilnahme aufbaut?

3 Von der elterlichen Präsenz zur »Neuen Autorität« in der Schule – ein Überblick

In dem Beratungszentrum an der Universität in Tel Aviv, in dem Haim Omer tätig ist, meldeten sich Eltern, die von ihren Kindern geschlagen wurden bzw. deren Kinder häufig abgängig waren, sich prostituierten oder Drogen konsumierten. Omers Idee war und ist, dass eine Wiederherstellung der elterlichen Präsenz ein wichtiger Schritt sein könnte, wieder in einen Beziehungskontakt zu kommen. Dabei ging es nicht um ein neues Erziehungsmodell, sondern um ein »Coaching« der Eltern, wieder ihren »Job als Eltern« gut leisten zu können (ebd., S. 20). Omer und von Schlippe (2010) stellten fest, dass sich diese Eltern durchaus bereits zuvor professionelle Hilfe in Form von Beratung und Therapie geholt hatten, diese allerdings offenbar nicht hilfreich genug gewesen war.

Als Grundlagen der elterlichen Präsenz wurden zunächst drei Aspekte unterschieden:

- die Fähigkeit, wirksame Handlungen ausführen zu können,
- das Bewusstsein, dass das eigene Handeln aus den eigenen moralischen und ethischen

Prinzipien heraus richtig ist, und
- das Gefühl, dass andere die Anstrengungen unterstützen werden.

Mit anderen Worten: Wenn die Eltern fähig sind zu sagen »Ich kann handeln!«, »Dies ist richtig!« und »Ich bin nicht allein!«, dann basiert ihr Handeln auf elterlicher Präsenz (ebd., S. 35).

Für Haim Omer und sein Team wie auch für uns gerieten zunehmend andere Gruppen und Systeme in den Fokus (Omer u. von Schlippe 2004, 2012). Insbesondere stellte sich heraus, dass Eltern sowie Lehrer nicht selten mit den gleichen Verhaltensproblemen der Kinder zu tun haben, dass ihre Autorität auf vergleichbaren Grundlagen basieren und die Erwartungen wie auch die Kritik an ihnen ähnlich erscheinen (ebd., S. 163). Zudem bleibt aus der Praxis heraus festzustellen, dass die Kooperation von Lehrern und Eltern zum Schlüssel für die Verstärkung der Autorität des jeweils anderen werden kann. Seit 2004 gibt es auch in Deutschland Entwicklungen, dieses Konzept auf das System der Schule anzuwenden (s. Lemme et al. 2009; Lemme u. Eberding 2007).

4 »Lehrerliche Präsenz« und Wachsame Sorge

»Lehrerliche Präsenz«

Im Zentrum des Konzepts steht der Begriff der Präsenz, die als Quelle der Autorität verstanden werden kann.

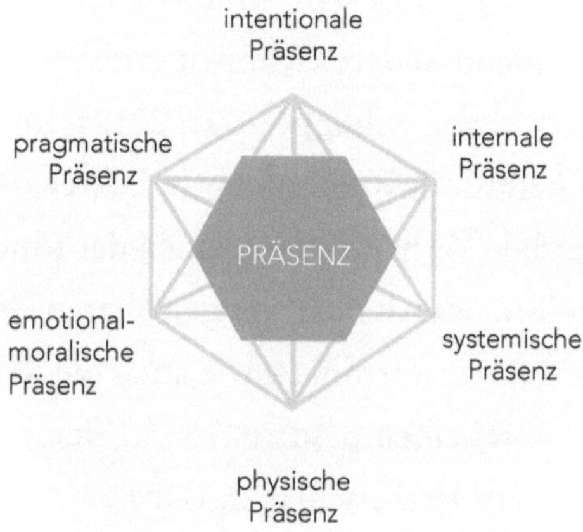

Abb. 1: Diese 6 Dimensionen der Präsenz sind dynamisch und interaktiv miteinander verknüpft und beeinflussen sich gegenseitig. Damit wird auch deutlich, dass es nicht um eine radikale Veränderung bestehender Strukturen und Abläufe geht, sondern um die kontinuierliche und dauerhafte Entwicklung einer Haltung, die die eigenen Handlungsoptionen erweitert.

Präsenz lässt sich beschreiben als die Möglichkeit des Erwachsenen, pädagogisch wirksam zu sein. Dies bezieht sich sowohl auf das eigene Erleben als auch auf das Handeln. Dabei lassen sich unterschiedliche Dimensionen der Präsenz betrachten (s. Abb.1; Lemme et al. 2009; s. a. Omer u. Schlippe 2004, 2010; Weinblatt 2009).

Physische (körperliche) Präsenz

Diese wird sichtbar durch »anwesendes« Verhalten: geistig wie körperlich. Das Ziel ist, dazubleiben und auszuhalten, statt sich abzuwenden; ausdauernd und beharrlich zu bleiben, statt fortzuschicken. Darin spiegelt sich auch die Bereitschaft zur Auseinandersetzung wider. Lehrer zeigen körperliche Präsenz, wenn sie bereit sind, jeden Ort in der Schule zu beaufsichtigen und vor Ort zu reagieren. Sie zeigen sich körperlich präsent, wenn sie den betroffenen Schüler dort aufsuchen, wo dieser mit einer Begegnung am wenigsten rechnet, beispielsweise zu Hause. Oder Lehrer bieten sich an, in Konflikten persönlich im Kontakt zu bleiben, sich der klärenden Auseinandersetzung schweigend und doch beharrlich zu stellen.

Schon allein die sichtbare Anwesenheit von Lehrern bzw. Erwachsenen an der Schule führt zu einer spürbaren Verringerung gewaltbereiter, problematischer Verhaltensweisen an Schulen (s. Olweus 1991). So kann die Präsenz durch organisierte, verstärkte Pausenaufsicht, Anwesenheit im Klassenraum schon vor den Schülern oder durch permanente Bewegung im Klassenraum erhöht werden. Auch der persönliche Kontakt zu schulabsenten Schülern sowie im Umfeld der Schule sind entsprechende Möglichkeiten. Verstärkte Anwesenheit in allen Bereichen der Schule stellt eine Grundbedingung dar, wenn man Mobbingphänomenen erfolgreich begegnen will (s. Olweus 1991).

Unsere Erfahrung zeigt zudem, dass der Zeitfaktor eine sehr wichtige Rolle spielt. Wie wirksam die Botschaft des Lehrers ist, physisch präsent zu sein, wird durch die Dauer und Wiederholung seiner Handlungsweisen verstärkt. Neben dieser sichtbaren Beharrlichkeit ist er in seinem Handeln für die Schüler weniger berechenbar, zeigt sich unabhängiger. Die räumliche und zeitliche Ausdehnung intensiviert quasi das Erleben der Lehrerpräsenz. Heftige und schnelle Reaktionen der Lehrkraft führen dementsprechend eher zu einem Verlust der Präsenz.

Emotional-moralische Präsenz:
Die eigene Handlungsüberzeugung wahrnehmen

In therapeutischen Kontexten wird dies gelegentlich als Kongruenz zwischen Handeln und eigener Haltung beschrieben. Es geht dabei um die innere Überzeugung, dass das eigene Handeln angemessen und aus der eigenen Perspektive »richtig« ist. Aus einer inneren Perspektive erlebt man ein Selbstwertgefühl, aus der äußeren Perspektive wird Klarheit und Eindeutigkeit wahrgenommen. Der größere Selbstwert und die eigene Überzeugung führen auch zu einer intensiveren Auseinandersetzung. Eine wachsam sorgende Autoritätsperson zeichnet sich durch eine emotionale und moralische Haltung aus, die zugewandt und beruhigend wirkt und somit ein persönliches Modell des Umgangs miteinander vermittelt.

Dies – auch in Zusammenhang mit der internalen Präsenz – bedeutet keinesfalls, dass Erziehungsverantwortliche nur neutral und gelassen reagieren. Eine authentische Reaktion auf entsprechende Gefühle gehört ebenfalls zu dieser Präsenzdimension. Im sozialen Lernen ist das ein notwendiger Aspekt im Umgang miteinander.

So kann die körperliche Präsenz durch eine Berührung an der Schulter begleitet und bestätigt werden, was sogar beruhigend wirken kann. Demgegenüber wird ein Verhalten, welches Distanz oder gar Ekel ausdrückt, eher als abwertend und abschreckend erlebt. Es geht in dieser Präsenzdimension um die Verbindung von innerer Überzeugung und Willensstärke mit Verständnis und Wohlwollen. So weist die Lehrkraft nachhaltig auf Grenzen hin und drückt gleichzeitig Nähe bzw. Interesse am Schüler aus. Wenn es um eine deutliche Grenzsetzung geht, schmälert ein Ausdruck der Sympathie (Lächeln, viel reden, Verständnisappelle ...) den beabsichtigten Widerstand und die Eindeutigkeit der gegensätzlichen Haltung. Auch könnte das Angebot von Nähe abgelehnt werden und zu einer Eskalation der Situation führen. Zu einem späteren Zeitpunkt – nach einer emotionalen Beruhigung – kann der Lehrer aber auf die Situation zurückkommen und die anteilnehmende Stimme hervorheben. Er macht dann deutlich, dass das destruktive Verhalten des Schülers nicht die positive Beziehung zwischen ihnen schwächen kann. Es kommt dabei zu der Botschaft: »Ich gebe Deinem Verhalten bzw. Dir nicht nach und ich gebe Dich nicht auf!« (s. auch Omer u. von Schlippe 2010).

Eine gute Umsetzung dieser Haltung ist die »Gewaltfreie Kommunikation« nach Marshall Rosenberg (2012, 2004). Der Ausdruck einer eigenen Überzeugung mit der klaren Botschaft von Präsenz (Beharrlichkeit und Beziehungsangebot) ohne drohende oder machtorientierte Verhaltensweisen vermittelt eine gänzlich andere Art der Haltung, als diese sonst häufig üblich ist.

Es versteht sich wohl an dieser Stelle von selbst, dass die emotional-moralische Präsenz eng mit dem persönlichen Beispiel der handelnden Autoritätsperson verbunden ist. Wer als Lehrperson nicht pünktlich oder nicht verbindlich in seinen Ankündigungen und Zusagen ist, wird dies auch nicht von seinen Schülern erwarten können. Unpünktlichkeit, häufiges Fehlen, Rückzug im Klassenzimmer oder vermehrte Abwesenheiten sind Verhaltensweisen der Schüler, die für Lehrer eine deutliche Belastung darstellen. Hohe Belastung und vielfältige Störungspotenziale sowie eng gesteckte Zeitplanungen im Stundenplan – vor allem bei häufigem Ortswechsel – sind häufige Hindernisse in der Umsetzung dieser Präsenzdimension.

Damit Lehrer diese Form von Präsenz leisten können, müssen also auch die nötigen Mittel und Möglichkeiten bereitgestellt werden. Dies führt nicht selten zur Umorganisation des schulischen Alltagsablaufs. Insofern ist im Kollegium eine Auseinandersetzung um diese Abläufe – gegenseitige Unterstützung und Aufmerksamkeit sowie die eigene Hilflosigkeit und Scham – unerlässlich.

Intentionale Präsenz: Verbindung und Kontakt herstellen

Vor allem die moralische Stimme der emotional-moralischen Präsenz beinhaltet einen wesentlichen Aspekt der Absicht, aus der heraus eine Autoritätsperson handelt. In den Befragungen stieg ein Lehrer in der Anerkennung der Schüler, wenn er sie auch außerhalb des Unterrichts und der Schule ansprach, sich an Namen und Ereignisse erinnerte. Mit diesem Verhalten betont der Lehrer, dass er seine Schüler als eigenständige Personen sieht und sie wahrnimmt. Die Haltung der »Wachsamen Sorge« wird an dieser Stelle wirksam. Wenn Schüler als eigenständige Individuen wahrgenommen werden, stärkt das ihr Selbstwertgefühl. Außerdem steigt die gegenseitige Wachsamkeit, wenn Veränderungen und Zusammenhänge durch die Autoritätsperson wahrgenommen werden. Dies ist für Klassenlehrer leichter möglich als für Fachlehrer, da sie in der Regel mehr Zeit in der Klasse verbringen.

Wachsamkeit drückt auch einen wohlgemeinten Teil von Kontrolle im Sinne der Fürsorge aus. Kinder und Jugendliche, die in ihren Bedürfnissen und Anliegen gesehen werden, neigen weniger dazu, ihre Bedürfnisse durch destruktive und heimliche Verhaltensweisen zu erfüllen.

Lehrer, die so handeln, achten auf Veränderungen bei Schülern und melden dies entweder anerkennend oder sorgend zurück. An- und Abwesenheiten werden wahrgenommen. Lehrer sind ansprechbar für Fragen und Mitteilungen, sind emotional erreichbar. Die beziehungsstiftende Botschaft dieser Haltung ist, dass die einzelnen Schüler wichtig sind, die Anwesenheit jedes Einzelnen gewünscht und befürwortet wird. Damit übernimmt die Lehrperson die Verantwortung dafür, wie die Beziehung gestaltet wird, und wird dies in ihrem Verhalten ausdrücken.

Pragmatische Präsenz: Die eigene Handlungskompetenz erleben

Das Erleben und Wissen um mögliche Handlungsoptionen auch in kritischen Situationen ermöglicht dem Handelnden ein höheres Selbstwirksamkeitserleben. Insbesondere aus dem Bewusstsein heraus, dass man in kritischen Situationen nicht sofort und endgültig entscheiden muss, wird ein höheres Maß an Handlungskompetenz erlebt. Aus unserem eigenen Erleben wissen wir auch, dass Menschen, die selbst in kritischen Handlungssituationen handlungsfähig bleiben, als kompetent und orientierungsgebend wahrgenommen werden. Das Gefühl der Hilflosigkeit hingegen entsteht vor allem dann, wenn man den Eindruck hat, dass dem Handelnden keine weiteren Handlungsoptionen zur Verfügung stehen.

Nicht selten äußern Lehrpersonen, dass ihnen die Reaktionsmöglichkeiten fehlen würden, wenn sie keine Sanktionen mehr zur Verfügung hätten. Solch eine Haltung kann zu einer möglichen Eskalation der Situation beitragen. Mögliche Folgen sind Resignation bzw. »Nichtreaktion« der Lehrer (komplementäre Eskalation) – sodass das destruktive Verhalten eine stillschweigende Zustimmung erhält – oder massive, möglicherweise übertriebene Sanktionen im Sinne eines Denkzettels (symmetrische Eskalation) sowie festgelegte Sanktionskataloge.

Die vorstehend beschriebene Einstellung verweist auf eine unseres Erachtens problematische Perspektive, da mögliche Reaktionsweisen mit Sanktionen gleichgesetzt werden. Dabei bliebe der Lehrer quasi gezwungen, auf jedes problematische Verhalten eines Schülers mit sofortiger Strafe reagieren zu müssen. Er unterliegt letztlich einem Vergeltungszwang. Außerdem geht diese Sicht davon aus, dass eine Vergeltung die Einstellung des Gegenübers verändern könnte. Im Gegenteil führt sie in der Regel aber zu weiterer Konfrontation und häufig dazu, dass der Lehrer seine Präsenz verliert. Eine solche Betrachtungsweise unterliegt der Illusion von Kontrolle und führt möglicherweise in letzter Konsequenz in die Hilflosigkeit.

Unsere Erfahrung zeigt, dass Veränderungen von Situationen und Handlungsweisen von der Zustimmung der Beteiligten abhängig sind. Die Logik der »Neuen Autorität« vermittelt, dass man gegen negative Verhaltensweisen unnachgiebig und beharrlich Widerstand leistet. Dabei werden Eindeutigkeit, Standhaftigkeit und Transparenz demonstriert, das Unterstützernetz wird erweitert und genutzt. Gleichzeitig erhält der Schüler Angebote, wie er die Beziehung und die Situation positiv beeinflussen kann. Man spricht seine positiven, konstruktiven Stimmen an, die sich damit günstiger und nachhaltig entwickeln können.

Lehrer, die in diesem Sinne handeln, werden in kritischen Situationen zunächst deutlich Stellung nehmen zu dem Verhalten, das vonseiten der Lehrer (und aller Erziehungsverantwortlichen) nicht tolerabel ist. Dann werden sie in der Regel ankündigen, dass sie auf den Vorfall zurückkommen, und benennen, mit wem sie möglicherweise zwischenzeitlich Kontakt aufnehmen werden. Mit diesem Vorgehen ist klar, dass der Lehrer die Verantwortung für den Umgang mit dem Vorfall übernimmt. Er hat gehandelt und doch gleichzeitig sein weiteres Vorgehen verzögert. Damit hat er seine Präsenz erhöht und Zeit gewonnen für ein nachhaltiges Vorgehen. Die Reaktion, die in der Regel dann mit Unterstützern gezeigt wird, ist nachhaltig und macht einerseits den entschiedenen Widerstand gegenüber dem problematischen Verhalten deutlich. Anderseits wird es Angebote der Beziehungsverbesserung, weiterer Unterstützung und/oder Wiedergutmachung geben.

Internale Präsenz: Selbstkontrolle erleben

Im Laufe der Zusammenarbeit mit Eltern, Lehrern und anderen Pädagogen zeigte sich, dass die Selbstwahrnehmung der eigenen Präsenz stark davon abhängt, inwieweit es den Erziehungsverantwortlichen gelingt, ihrer Selbsterwartung zu entsprechen. Je mehr man das »erlebte« Handeln aus der eigenen, inneren Sicht als konstruktiv wahrnimmt, desto mehr steigt die wahrgenommene Handlungskompetenz und -überzeugung. Als Autorität wird jemand dann eher anerkannt, wenn er sich selbst emotional disziplinieren kann – eskalierendes Verhalten hingegen wertet den Handelnden in der Sicht seines Gegenübers ab, es wird in der Regel als Schwäche wahrgenommen.

Dies bedeutet nicht, dass ein Erziehungsverantwortlicher von nun an ohne das Zeigen von Emotionen handeln muss bzw. gar könnte. Vielmehr geht es um den Umgang mit den eigenen Emotionen. Unter dem Einfluss heftiger Emotionen (Wut, Scham, Schuldgefühle, Angst,

Hilflosigkeit) verringert sich die Chance, differenziert und kreativ Möglichkeiten des Handelns zu finden. Die Wahrscheinlichkeit einer weiteren Eskalation ist hoch. Wer dagegen internal präsent handelt, wird entsprechende Möglichkeiten entwickelt haben, sich bei erlebter Provokation selbst zu beruhigen, sich also in die Eskalation nicht hineinziehen lassen, oder er wird sein weiteres Handeln verzögern. Auf diese Strategien kommen wir später noch zurück.

Bei der Selbstkontrolle wird es trotz allen guten Willens immer wieder auch zu Rückschlägen kommen. Erziehungsverantwortliche können sich nach emotionalen Entgleisungen für ihr eigenes Verhalten entschuldigen, ohne den Widerstand gegenüber dem problematischen Verhalten zu schwächen. Die ernst gemeinte Entschuldigung ist beziehungsstiftend und sorgt für die Wiederherstellung der eigenen Präsenz. Sie erhöht nicht nur die Möglichkeiten der Selbstkontrolle, sondern vermehrt durch den Versöhnungsschritt auch die Möglichkeiten, wie man die Konfliktsituation beeinflussen kann. Zudem werden die positiven Anteile des Kindes angeregt, und der Lehrer bietet ein positives Vorbild.

Gerade unter Angst und Sorge können Eltern ihre internale Präsenz verlieren, wenn sie gegenüber einem problematischen Verhalten nachgiebig handeln. Vielen Eltern fällt es schwer, beharrlich zu bleiben, wenn ihre Kinder morgens Bauch- oder Kopfschmerzen äußern und nicht zur Schule gehen wollen. In vielen Fällen führt dies zu langwierigen ärztlichen Untersuchungen und ausgedehnteren Fehlzeiten in der Schule. Die betroffenen Lehrer nehmen die Krankschreibungen entgegen und zögern mit der Meldung der Fehlzeiten – aus Sorge, möglicherweise den Druck zu groß werden zu lassen.

In unserer Praxis haben wir Schüler kennengelernt, die auf diese Art und Weise mehr als zwei Jahre nicht zur Schule gegangen sind. Je länger die Fehlzeit, umso schwieriger ist auch die Rückkehr in die Schule. Durch diese letztlich aus Sorge entstandene Verhaltenseskalation sind die Möglichkeiten der Handlungskontrolle von Eltern wie von Lehrern aus der Hand gegeben worden. Im Konzept der »Neuen Autorität« wird die internal präsente Autoritätsperson bei Fehlen frühzeitig direkten Kontakt aufnehmen – nach dem Motto: »Wenn ein Schüler nicht zur Schule kommen kann oder will, kommt die Schule zu ihm.« Mit nachhaltiger Anwesenheit drückt man die eigene Sorge um die Gesundheit und das Fernbleiben aus. Zudem wird die Beziehung aufrechterhalten, die durch die Distanz sonst schwächer werden könnte.

Gleichzeitig wird auch der Widerstand gegen das vermeidende Fernbleiben nachhaltig deutlich gemacht. Mit entsprechenden Unterstützungsmaßnahmen ist ein Schulbesuch so eher wieder möglich. Die Lehrperson verbleibt in der eigenen Selbstkontrolle und kann weiterhin die Handlungen beeinflussen, die bezogen auf das Verhalten notwendig erscheinen. Dieses Handeln ist auch für die anderen Schüler ein Modell und stärkt insgesamt die Präsenz des Lehrers.

Systemische oder interpersonale Präsenz: Unterstützung und Vernetzung wahrnehmen und nutzen

In den meisten Begegnungen mit Schulkollegien wurde bereits der inhaltliche und emotions- wie auch erfahrungsbezogene Austausch über schwierige Konfliktsituationen als entlastend und hilfreich beschrieben. Lehrer sollten sowohl ihre eigene Präsenz als auch ihr Handeln als Repräsentanten eines Netzwerks erleben. Dies wäre zudem wohl eine gute Möglichkeit der Burn-out-Prophylaxe.

Leider geschieht das aber nur sehr selten. In vielen Kollegien erleben wir ein Misstrauen, wenn es um den Austausch von eigenen Schwächen oder das Öffnen der Klassentüren für die Anwesenheit von Kollegen oder Eltern im Unterricht geht. In diesem Misstrauen schwingt die Einstellung mit, dass die Bitte um Hilfe ein Ausdruck von Schwäche sein könnte bzw. im Kollegium so wahrgenommen werden könnte. Omer und von Schlippe sehen in dieser Tatsache »... einen der hartnäckigsten Überreste der Logik der traditionellen Autorität« (Omer u. von Schlippe 2010, S. 208). In jedem Fall sorgt diese Einstellung dafür, dass das Misstrauen innerhalb des Kollegiums so nicht aufgelöst wird. Außerdem schwächt es den einzelnen Lehrer, denn er bleibt in dieser Logik auf sich allein gestellt.

Aus unserem alltäglichen Erleben wissen wir, dass es gerade in kritischen Situationen hilfreich ist, um die Unterstützung anderer zu wissen. Allein dieses Wissen ermöglicht uns ein klareres und eindeutigeres Auftreten. Wenn sich die Lehrperson als Repräsentant eines breiteren Netzwerks erlebt, dann wird diese unabhängig von der Situation überzeugter auftreten. Der einzelne Lehrer bleibt damit verantwortlich für seine Klasse und seine Aufgaben. Dieses Netzwerk steht hinter ihm, während seine Handlungen wiederum das Netzwerk stärken. Eine Kultur des Austauschs über das eigene Handeln und Erleben im Sinne kollegialer Unterstützung ist in den meisten Kollegien noch nicht entwickelt.

Eine solche »Wir-Kultur« benötigt regelmäßige, alltägliche Pflege, die über »Tür-und-Angel-Gespräche« deutlich hinausgeht. Wir empfehlen eine entsprechende Einrichtung von Klassen- oder Jahrgangteams. Auch schlagen wir vor, dass Lehrer diese »Wir-Kultur« selbst bei weniger problematischen Situationen nutzen, bei denen sie möglicherweise auch alleine wirksam geworden wären. Neben dem Einüben des Vorgehens wird so frühzeitig die Vielstimmigkeit der Erwachsenen deutlich. Der Lehrer, der sich so vernetzt weiß, wird in der konkreten Situation nicht mehr »Ich bin präsent und werde handeln!« sagen, sondern »Wir sind präsent und werden handeln!«. Zudem wird das Handeln schneller und effektiver, da die Netzwerkstrukturen vorhanden sind und nicht erst vorfallweise entwickelt werden müssen.

Die Stärke der vermittelten Lehrerpräsenz ist letztlich dem kumulativen Effekt des Netzwerks zuzuschreiben. So erscheint es logisch, die Entwicklung einer entsprechenden Kultur auch mit Eltern zu entwickeln. Dabei stoßen wir immer wieder auf das Erleben, dass das Verständnis der Lehrer-Eltern-Beziehung als ein Kontakt zwischen Experten und Nichtexperten wahrgenommen wird. Gleiches gilt nach unserer Erfahrung auch in anderen pädagogischen Kontexten. So nehmen sich beide Parteien nicht als gemeinsames erzieherisches Netzwerk für das Kind wahr. Dies führt gerade bei Schwierigkeiten und Konflikten zu Misstrauen und gegenseitiger Abwertung. Die Folge ist, dass sowohl Eltern als auch Lehrer in ihrer Präsenz geschwächt sind und die Vorgehensweisen an Wirkung verlieren. Wir gehen auf das Thema der Eltern-Lehrer-Beziehung in einem gesonderten Kapitel ein.

Präsenz als Quelle der »Neuen Autorität«

Autorität kann heute als eine mindestens zweiseitige Angelegenheit gesehen werden. Während in der traditionellen Autorität diese durch ein Amt bzw. einen Titel definiert gewesen ist, hängt Autorität heute mehr denn je von folgenden Faktoren ab: zum einen von der eigenen inneren Sicht und Wahrnehmung, zum anderen von der Anerkennung durch andere. Während die eigene Selbstwirksamkeit und Überzeugung durch die Präsenz definiert und gestärkt wird, gehen wir davon aus, dass diese ebenfalls dafür Sorge trägt, dass die Anerkennung von Autorität auch dort steigt, wo sie möglicherweise verloren gegangen ist oder gänzlich fehlte. Somit dient die Präsenz als Quelle der »Neuen Autorität«. Die so verstandene Autorität wird sich also nicht in Verhaltensweisen zeigen, die auf

- Macht,
- Durchsetzung,
- radikaler Veränderung oder
- Gehorsamkeit

gegründet sind, sondern auf einer Stärke, die geprägt ist durch

- die eigene, nachhaltige und beharrliche Anwesenheit,
- die eigene Selbstkontrolle,
- die innere Überzeugung,
- die Absicht zur Beziehungsverbesserung

bzw. -stabilisierung,

- eine »Wir-Kultur« und
- das daraus folgende Handeln.

So wird Autorität nicht als Eigenschaft begriffen, sondern als eine Haltung.

Wachsame Sorge

Kinder und Jugendliche benötigen für eine gute Entwicklung sowie die Entfaltung ihrer vollständigen Möglichkeiten ein Erleben von Sicherheit. Achtsame und aufmerksame Lehrer bewirken dies bei ihren Schülern. Sie sind ansprechbar, verbindlich, interessieren sich für die Schüler, sind im Kontakt untereinander und im Kontakt mit den Eltern sowie auch anderen Beteiligten.

Dies nennen wir die »Wachsame Sorge«.

Die Wachsame Sorge wird durch 3 Zustände der Aufmerksamkeit beschrieben:

1. die offene Aufmerksamkeit mit einer grundsätzlichen Wachsamkeit,
2. die fokussierte Aufmerksamkeit, die bei aufkommenden Schwierigkeiten erhöht und bekanntgemacht wird, sowie

3. der Schutz, wenn es um das konkrete Eingreifen und deutliche Hilfestellungen geht.

Sollte es Schwierigkeiten und Probleme geben, so wird je nach Umfang mehr oder weniger Aufmerksamkeit und Energie dazu eingesetzt, wie man den wahrgenommenen Situationen begegnen kann. Die Qualität des Einsatzes bzw. der Aktivität wird nach Graden unterschieden:

- 1. Grad: Offener Dialog und Aufrichtigkeit
- 2. Grad: Direkte Befragung und erste Bekanntmachungen
- 3. Grad: Einseitige Maßnahmen

Die jeweiligen Übergänge zwischen den Aktivitätsgraden werden den betroffenen Erwachsenen wie Schülern bekannt gemacht.

1. Grad: Offener Dialog und Aufrichtigkeit

Der 1. Grad der Wachsamen Sorge ist geprägt durch den Austausch, die gegenseitige Neugier und die interessierte Aufmerksamkeit. Damit steht zu Beginn die Entscheidung der Lehrpersonen, dass sie sich

1. verantwortlich für die Belange der Schüler,
2. verantwortlich für die Wiederaufnahme und

»Reparatur« einer Beziehung zu den Schülern und
3. verantwortlich für die Einrichtung von Netzwerken im Umgang mit den Schülern erklären.

Diese erklärte **Verantwortlichkeit in Bezug auf die Belange der Schüler** wird durch ein aktives Angebot sichtbar. Dies wird u. a. durch folgende Beispiele veranschaulicht:

- Einrichtung von Erreichbarkeitszeiten, im Unterrichtsplan verankerte Klassenbesprechungen, allgemein Erreichbarkeiten
- Dialog mit Schülern über Beobachtungen, aktive Angebote zu altersentsprechenden Themen etc.
- Sitzplan mit Namensliste, Anwesenheit vor dem Unterricht in der Klasse, offenes Ansprechen besonderer Ereignisse bei einzelnen Schülern etc.

Verantwortlichkeit für die Wiederaufnahme bzw. »Reparatur« der Beziehung zeigt sich u. a. an folgenden Beispielen:

- Bekanntmachung von Vorgehensweisen in Einzelfällen
- Aufnahme von Kontakten und Gesprächen mit Schülern, wenn anfängliche

Schwierigkeiten beobachtet werden
- Nachfragen und Ansprechen bei auftauchenden Problemen und kritischen Beobachtungen
- Aufnahme von Kontakten, wenn Schüler z. B. nicht in die Schule kommen

Und die **Verantwortlichkeit für die Netzwerkgestaltung** zeigt sich u. a. an folgenden Beispielen:
- frühe Kontaktaufnahme zu den Eltern bei Übernahme der Klasse bzw. zu Beginn des Schuljahres
- Eltern über Absprachen mit Schülern informieren und umgekehrt
- Bekanntmachung von Lehrerabsprachen an Schüler und Eltern
- Einrichtung von speziellen Arbeitskreisen und Gremien innerhalb der Schule, die sich mit der Einschätzung und der Bearbeitung von Konflikten beschäftigen
- Die Lehrkräfte zeigen ihre gemeinsame Präsenz bereits bei Angelegenheiten, wo dies nicht zwingend erforderlich wäre.
- Das Kollegium wie auch einzelne Kreise

davon werden als Teams mit den jeweiligen Entscheidungsprozessen transparent und sichtbar.

2. Grad: Direkte Befragung und erste Bekanntmachungen

Unsere Erfahrungen in Schulen zeigen, dass viele Lehrkräfte lange warten, bevor sie handeln. Umso mehr sind die dann folgenden Klärungsanstrengungen mit Zeitnot und dem Wunsch nach schneller Veränderung verbunden, was die Gefahr von rigiden Handlungen erhöht. Sicher hat dies auch mit der hohen Belastung von Lehrern und der manchmal hohen Frequenz von Anforderungen zu tun. Sollte es allerdings gelingen, einen solchen 1. Grad der Wachsamen Sorge zu etablieren, ermöglicht dies in einem 2. Grad schon frühzeitig ein dosiertes und deutliches Intervenieren, da nicht ausschließlich auf Krisen reagiert wird.

So würde zunächst der betroffene Schüler direkt angesprochen werden. Dabei gehen wir davon aus, dass es in diesem Schritt um Befragen und nicht um ein Überzeugen oder Predigen geht. Der Lehrer nimmt dabei eine neugierige und offene Haltung ein. Eine Befragung stellt die Schüler vor die Herausforderung, eine Antwort geben zu sollen. Es nimmt die Schüler damit in ihrer Verantwortung ernst und ist ein Zeichen der Kooperation. Dabei ist das schweigende Warten (»Schweigendes Gespräch«)[2] des Lehrers Ausdruck für sein Interesse, gemeinsam mit dem Schüler eine Lösung zu finden. Sanktionen, Drohungen, Einschüchterungen oder Monologe dienen nicht der konstruktiven Lösung, sondern der eigenen Entladung.

In dieser Stufe der Wachsamen Sorge werden bereits kleine Ankündigungen bzw. Bekanntmachungen genutzt – z. B. die Mitteilung, dass aus Sorge die Eltern und/oder die Kollegen informiert werden. Die Herstellung einer wohlwollenden und zugleich notwendigen Öffentlichkeit bildet eine Haltung sowie ein Forum der gemeinsamen Fürsorge und Aufmerksamkeit.

3. Grad: Einseitige Maßnahmen

Stellen Lehrer (und möglicherweise auch Eltern) bzw. das dafür eingerichtete Gremium (z. B. Obhut-Team) fest, dass die bisherigen Maßnahmen nicht ausgereicht haben

2 Das methodische Vorgehen des »Schweigenden Gesprächs« wird auf S. 99 beschrieben.

und weitere Schritte notwendig sind, dann ist der 3. Grad der Wachsamen Sorge erreicht. Dieser ist gekennzeichnet durch Schritte der Sorge und des Protests, die nicht mehr von der Zustimmung des Schülers abhängig gemacht werden. Dabei steht nach wie vor im Vordergrund, die Integrität und den Schutz des Einzelnen zu wahren, auch wenn Lehrkräfte in ihren Schritten möglicherweise deutlichen Protest ausdrücken. Zur Optimierung der einseitigen Aufsichtsmaßnahmen sehen wir folgende Bedingungen, die schon im 1. und 2. Grad der Wachsamen Sorge eingerichtet sind, als erforderlich an:

- emotionale und praktische Vorbereitung
- Aufbau eines Unterstützungssystems
- Herstellen von Öffentlichkeit
- Eskalationsvorbeugung
- Demonstration der Beziehung und Sorge sowie des »Gegenübers«

Emotionale und praktische Vorbereitung

Einseitige Maßnahmen im Rahmen der Wachsamen Sorge sind wohlüberlegte und geplante Schritte. Sie sind nicht impulsiv, sondern drücken sich eher durch geduldige und fortwährende Bemühungen aus. Es geht nicht darum, das Kind zu »erschüttern« oder durch ein Bedrängen eine Veränderung zu erwirken, sondern ein Netz aufzubauen, welches eher umfängt und Verstöße abdämpft. Mit Veränderungen im Verhalten des Kindes wird damit nur allmählich zu rechnen sein. Insofern ist zunächst eine Entschlossenheit und Entschiedenheit notwendig. Wenn dies gegeben ist, dann kann man auch einen emotionalen Ausbruch oder eine vorübergehende Eskalation aushalten. Wir nennen dies eine »Stoßdämpferhaltung«.

Aufbau eines Unterstützungssystems

Wie schon beschrieben ist der Ausdruck eines aktiven Teams, welches reagiert, nach außen deutlicher wahrzunehmen und in der Regel auch wirksamer als eine einzelne Reaktion. Einem Team, dessen Mitglieder sich gegenseitig unterstützen, in der eigenen Haltung zu bleiben, ist deutlich schwerer zu begegnen. Dies ist auch für den einzelnen Lehrer wahrzunehmen. Er wird sich selbstwirksamer wahrnehmen.

Herstellen von Öffentlichkeit

Öffentlichkeit schützt alle Beteiligten vor Eskalation, verpflichtet selbst zur Einhaltung der eigenen angekündigten Verhaltensweisen und Haltungen, erhöht also auch die Verbindlichkeit. Zudem werden auch alle die begleitend über ein mögliches Vorgehen informiert, die entweder in ähnlicher Weise handeln oder darüber nachgedacht haben. Insofern hat es einen präventiven Charakter, die Vorgehensweise der Lehrer bekannt zu machen. Hierbei sind mit Öffentlichkeit in der Regel die Personen gemeint, die betroffen sind, und darüber hinaus diejenigen, die wohlwollend an einer Verbesserung der Situation interessiert sind. Das betrifft in der Regel in der Schule das Kollegium, die Eltern und zum größten Teil auch die Schüler selbst. Dabei geht es um zwei Aspekte der Öffentlichkeit. Im Sinne der Transparenz sollen alle über das Vorgehen informiert werden. Gleichwohl bedeutet die Bekanntmachung auch eine Stärkung der eigenen Verbindlichkeit, des Schutzes aller Beteiligten. Sie legitimiert damit das Vorgehen und verdeutlicht die Entschiedenheit des Kollegiums.

Eskalationsvorbeugung

Aufgrund der Entscheidung in der Schule, die Haltungen bzw. das Vorgehen der »Neuen Autorität« umzusetzen, können wir davon ausgehen, dass einer Eskalation schon vorgebeugt worden ist. Gleichwohl tragen sowohl Zeugen für kritische Situationen als auch beruhigende Gesten und Formulierungen dazu bei, dass einseitige Maßnahmen als deeskalierend erlebt werden. Dabei wird bewusst auf Zeit und Beharrlichkeit gesetzt. Die emotionale Erregbarkeit sollte abgeklungen sein (»Schmiede das Eisen, wenn es kalt ist!« – Haim Omer), die Entschiedenheit im eigenen Vorgehen sollte gegeben sein. Das Schweigen und die Möglichkeit, weitere Lösungen zu vertagen, sind gerade unter den einseitigen Maßnahmen gute Optionen, wie man selbst auf Provokationen reagieren kann.

Demonstration der Beziehung und Sorge sowie des »Gegenübers«

Die Maßnahmen des Gewaltfreien Widerstands beginnen mit einer **Ankündigung**[3], in der das Lehrerteam Folgen-

3 Die Vorgehensweise der Ankündigung wird weiter unten im

des festhält:

- dass die Lehrer sich gegen beobachtete und nichtakzeptierte Verhaltensweisen wenden,
- dass sie für den Schutz aller Beteiligten sorgen werden und
- dass sie darlegen, welche Verhaltensweisen und Maßnahmen sie von jetzt an zu zeigen gedenken.

Dabei werden in der Regel keine Forderungen gestellt, schon gar nicht in Zusammenhang mit kurzfristiger Erfüllung oder sonstigen Bedingungen. Die Beteiligten, auch der Betroffene, werden über die Schritte informiert, wenn auch nicht zwingend über die Zeit und den Ort.

Dann werden Schritte durchgeführt, die die Position des Lehrerkollegiums sichtbar machen. Dies wird neben den Bekanntmachungen auch durch Sit-ins, Schweigende Gespräche und weitere Maßnahmen zur Erhöhung der Lehrer- und Elternpräsenz gezeigt. Dies wird stets in entsprechender Öffentlichkeit und mit Unterstützern sichtbar gemacht.

Zusammenhang mit dem Handlungsaspekt »Gegenüber, Protest und Widerstand« ab S. 96 erläutert.

Wachsame Sorge als Prävention

Die Wachsame Sorge kann als eine Beschreibung der Vorgehensweise in Schulen gesehen werden. So erleben wir es als hilfreich, wenn Personen, die mit einer Schule neu in Kontakt kommen, über diese Vorgehensweise informiert werden – insbesondere im Umgang mit möglicherweise auftauchenden besonders positiven oder kritischen Ereignissen. Später kann die Schule dann bei Vorfällen jederzeit auf diese Vorgehensweise zurückkommen und entsprechend vorgehen. Dies lässt sich als eine Ankündigung bei Aufnahme verstehen. Möglicherweise müssen individuelle Vereinbarungen mit den Eltern bzw. allen weiteren beteiligten Personen und Systemen abgesprochen werden.

5 Handlungsaspekte der »Neuen Autorität«

Die »Neue Autorität« speist sich aus der Quelle der Präsenz. Daraus ergibt sich ein Vorgehen, welches auf die Veränderung der eigenen Handlungsmöglichkeiten zur Stärkung der Präsenz abzielt. Die Wurzeln dieser Handlungen kommen aus der systemischen Haltung und dem gewaltlosen Widerstand nach Mahatma Gandhi und Martin Luther King. Beide Haltungen gehen u. a. davon aus, dass ein anderer Mensch nicht ohne seine Zustimmung in seinem Handeln und seiner Überzeugung veränderbar ist.

> Daher ist ein erfolgreiches eigenes Handeln davon geprägt, dass man dieses unabhängig vom Verhalten des anderen werden lässt.

Während Anstrengungen zur Verhaltensänderung durch Belohnen oder Bestrafen beim Schüler nicht selten zu Resignation und/oder weiterer Eskalation führen, geht es beim Fokus auf das eigene Handeln nicht um den Effekt beim Schüler, sondern vorrangig um die eigene Handlung und Aussage in aller Öffentlichkeit.

Das erscheint enttäuschend und befreiend zugleich.

Enttäuschend könnte der Abschied von der Einsicht sein, dass wir keinen direkten Einfluss auf das Verhalten anderer haben. Somit scheint auch keine Kontrolle über das Lern- und Leistungs- sowie Sozialverhalten von Schülern möglich zu sein. Diese – zugegebenermaßen manchmal hilfreiche – Kontrolle bedingt wohl aber auch eine große Verantwortung, denn der Lehrer wäre damit auch für die Effekte, also auch die möglicherweise weniger guten Lern- und Verhaltensergebnisse verantwortlich. Diese Verantwortung nicht zu haben erscheint uns befreiend und eröffnet Möglichkeiten des Handelns und Betrachtens, die vorrangig bei der handelnden Person liegen.

Diese Haltung bedarf zunächst einer Grundentscheidung.

Beim Konzept der »Neuen Autorität« erklärt sich der Erziehende verantwortlich für die Prozesse, die im Rahmen seines Auftrags und seines Einflussbereichs auftauchen. Diese zunächst scheinbar banale Aussage hat recht radikale Konsequenzen. Jesper Juul (2013, S. 99 ff.) provoziert mit dem Beispiel aus einer Privatschule, bei dem es um diesen Aspekt geht:

Er berichtet von der Schilderung zweier Lehrer, die ein halbes Jahr lang einen Schüler beobachten, der durch familiäre Schwierigkeiten deutliche soziale Probleme und einen Leistungsabfall zeigt. In einer Eskalation mit der Klassenlehrerin, bei der sie ihn anfasste, habe er sich losgerissen und die Hand der Lehrerin weggeschlagen. Er sei in die Toilette gelaufen, habe dort einen Toilettendeckel aus seiner Halterung gerissen und diesen aus dem Fenster geworfen. Er sei daraufhin nach Hause geschickt und mit einem zweiwöchigen Schulverbot belegt worden. Auf die Frage nach einer alternativen Handlungsmöglichkeit habe Juul geantwortet, er denke,

»… dass die Schulleiterin gemeinsam mit der betreffenden Lehrerin unverzüglich zu dem Jungen nach Hause fahren und sich beide bei ihm entschuldigen sollten. Und zwar sollten sie sich dafür entschuldigen, dass sie seine Entwicklung so lange beobachtet und nichts unternommen hatten, obwohl sie genau wussten, wie schlecht es ihm geht und wie deprimierend seine Lebensumstände sind« (ebd., S. 100).

Juul drückt hier drastisch die Verantwortlichkeit der Lehrpersonen aus und benennt die Lehrer als Erziehungsverantwortliche, die die Aufgabe haben, die Situation eines Schülers zu berücksichtigen und auf diese entsprechend zu reagieren, bevor es zu einer Eskalation kommt. Gleichwohl macht er auch sichtbar, wer in einer Eskalation bzw. nach einer solchen die Verantwortung für die Reparatur der Beziehung hat: die Lehrperson. Der Lehrer ist also zunächst in seiner Entscheidung gefragt, ob er bereit ist, in diesem Sinne die Erziehungsverantwortung für seine Schüler in der Schule zu übernehmen.

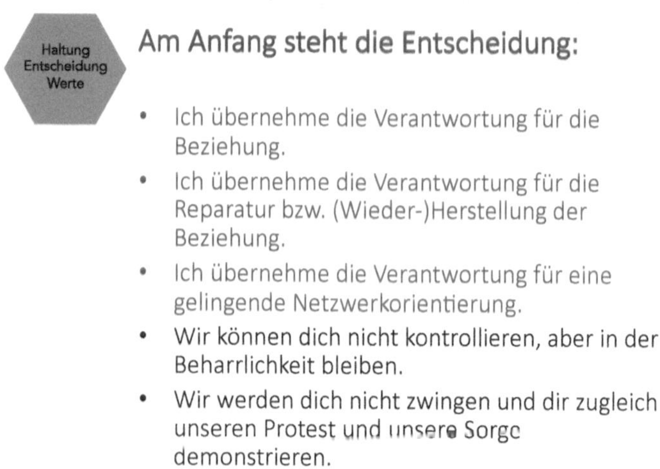

Abb. 2: Entscheidung

Dies meint durchaus auch die Klarstellung und das Einfordern von geltenden Regeln mit Beharrlichkeit und ggf. Einbeziehen anderer Erziehungsverantwortlicher.

Der Lehrer, der sich als Autorität im Sinne dieser Verantwortung versteht, wird folgerichtig auch den Umgang mit den Eltern, mit den eigenen Kollegen und letztlich auch mit der Entwicklung des Leitbildes seiner Schule daran ausrichten.

Abb. 3: Die 6 Handlungsaspekte der »Neuen Autorität«

Auf diese Grundentscheidung aufbauend haben sich für uns 6 Aspekte der Betrachtung und des Handelns herausgebildet, die zwar jeweils einzeln beschreibbar erscheinen, doch nur im Zusammenhang und in der gegenseitigen Zugehörigkeit einen komplexen Sinn ergeben. Diese werden wir im Folgenden näher beschreiben und mit Beispieloptionen versehen.

Handlungsaspekt: Haltung, Entscheidung, Werte

Ein Lehrer, der die beschriebene persönliche Autorität ausdrückt, wird schon im Sinne der Wachsamen Sorge aktiv werden. Dabei ergeben sich die ersten Interventionsmöglichkeiten aus seiner physischen Präsenz und dem entsprechenden Einsatz.

Körper und Sprache

Das eigene Auftreten, die körperliche Präsenz in Verbindung mit der benutzten Sprache, Mimik und Gestik gestalten einen Möglichkeitsraum von Begegnung.

> Um die Haltung der »Neuen Autorität« zu entwickeln, braucht der einzelne Lehrer also die innere Bereitschaft sich auf diese selbstreflexive Handlung einzulassen.

Olweus (1991) hat den Nachweis erbracht, dass die Anwesenheit von Lehrern in allen Bereichen der Schule eine

Grundbedingung darstellt, um gegen Mobbingphänomene vorgehen zu können. Die bewegliche Präsenz des Lehrers in der Klasse erhöht außerdem seine Autorität gegenüber den Schülern. Aus unserer Erfahrung ergeben sich einige hilfreiche Möglichkeiten, die hier kurz aufgelistet werden:

- Die Lehrkraft ist bereits vor den Schülern im Klassenraum anwesend.
- Jeder einzelne Schüler wird persönlich begrüßt.
- Schweigend und interessiert fokussiert der Lehrer die Klasse, wobei er jeden Schüler so lange anschaut, bis der Blick erwidert wird.
- Es gibt gegenseitige Kurzbesuche von Lehrkräften im Unterricht, die vorher angekündigt worden sind. Dazu kommt eine Kollegin bzw. ein Kollege in den Klassenraum und setzt sich auf einen extra dafür bereitgestellten Stuhl.
- Der Raum wird mit der persönlichen Note des Klassenlehrers oder auch der Klasse besonders gestaltet.
- Die Tische werden so arrangiert, dass unterschiedliche Aufmerksamkeiten notwendig

sind. Dabei bewegt sich die Lehrperson regelmäßig im Raum bzw. wechselt die Plätze, von denen aus sie den Unterricht leitet.

- Bei Störungen begibt sich der Lehrer direkt zum Ort der Störung bzw. zu dem betroffenen Schüler und führt den Unterricht von dort weiter. Bleibt die Unruhe bestehen, unterbricht er den Unterricht einen Moment schweigend und schaut den bzw. die betroffenen Schüler an. Bei erneuter Störung geht er ebenso vor wie im vorstehenden Schritt, betont nach einer Phase des Schweigens aber die Erwartung, dass die Störung beendet wird, und schaut danach die Betroffenen erneut eine Weile schweigend an (»Ausrufezeichen«). Dann fährt er im Unterricht fort. An dieser Stelle können auch kurze prägnante Ankündigungen zur späteren Klärung der Situation (»Vertagen«) hilfreich sein. Hier ist ein Übergang zur dritten Stufe der Wachsamen Sorge möglich und vielleicht auch notwendig.
- Präsente Pause: Für eine festgelegte Zeit verbringen alle Erziehungsverantwortlichen an einer Schule ihre Zeit in der Pause draußen, werden in ihrer

Gesamtzahl sichtbar und sprechen die Schüler an.
- Variation der präsenten Pause: Die Lehrkräfte verteilen Flugzettel mit der Botschaft, dass sie aufmerksam sind.
- Es werden Namenslisten zum sofortigen Ansprechen angelegt.
- Die Regeln werden gemeinsam geklärt.
- Die Lehrer bieten Möglichkeiten an, wie sich freiwillige Mitarbeit gestalten lässt.

Autorität und Anerkennung

Autorität wird als eine zweiseitige Angelegenheit beschrieben: Eine Autoritätsperson muss zunächst entschieden haben, diese Funktion bzw. Rolle/Aufgabe auch einnehmen zu wollen, zum anderen benötigt Autorität die Anerkennung durch die anvertrauten Personen (u. a. Baumann-Habersack 2015).

Dies führt uns dazu, dass jemand, der eine Autorität sein will, sich quasi anbieten, sich als solche zeigen müsste. Lehrer und Pädagogen sind stets Modelle für die Kinder und Jugendlichen – ob sie es wollen oder nicht –, da sie für die Kinder während ihrer Entwicklung in bedeutsamen Rollen wahrzunehmen sind. Wir wissen, dass Menschen nur von den Personen lernen bzw. Entwicklungsimpulse annehmen, die sie als entwicklungsfördernd anerkennen. Neben der grundsätzlichen Zustimmung zur Autoritätsrolle bedeutet dies also auch, dass die Autoritätsperson eine Haltung und Verhaltensweisen zeigt, die es den Schülern möglich machen, sie als Autorität anzuerkennen.

Es sind dazu also entsprechende Angebote seitens der Autoritätsperson nötig. Diese Angebote dienen dazu, die Beziehungen zu den Schülern und ihren Eltern frühzeitig und aktiv zu stabilisieren. Wir haben dies schon unter »Wachsamer Sorge« oben beschrieben. In unserer bisherigen Arbeit in Schulen haben wir dazu verschiedene Ansätze und kreative Umsetzungen erlebt.

Einige Kollegien sind beispielsweise dazu übergegangen, noch in den Sommerferien bzw. gleich zu Beginn des neuen Schuljahres ihre neuen Schüler zu Hause zu besuchen. Wenngleich dies sicherlich mit einem hohen Aufwand verbunden ist, beschreiben die Lehrer, die dies bei der Übernahme einer Klasse gemacht haben, dass sie bei späteren Eskalationen und Schwierigkeiten deutlich weniger Zeit aufwenden mussten. Andere Kollegen starten mit besonderen Aktionen zum Kennenlernen, fahren für einige Tage in Jugendbildungshäuser usw.

Im Sinne der Präsenz erleben die Schüler die Lehrperson dadurch frühzeitig als Ansprechpartner. Dieser frühe Beziehungskontakt erschwert es den Schülern, später in einen Konflikt mit Lehrern einzusteigen. Gleichzeitig könnten die Lehrer Fehlentwicklungen leichter rechtzeitig mitbekommen, wenn die Jugendlichen wissen, dass sie einen Klassenlehrer haben, der an ihnen und ihrer Entwicklung interessiert ist.

Aufmerksamkeit und Kontaktaufnahme

Nach unseren Befragungen (Lemme et al. 2009) werden Lehrer dann als besonders kompetent und als Autorität anerkannt, wenn sie sich auch jenseits des Unterrichts für die Schüler interessieren. Hierbei geht es nicht nur um das Grüßen außerhalb des Klassenraums, sondern auch um die persönliche Ansprache bei Fehlzeiten oder Unpässlichkeiten.

So erscheint es wichtig wahrzunehmen (und sich auch die Zeit zur Überprüfung zu nehmen), wer im Unterricht fehlt. Sollten entsprechende Rückfragen in der Klasse keine Aufklärung geben, empfehlen wir den persönlichen Anruf bzw. die Mitteilung/Weitergabe an den Klassenlehrer, der dies dann übernimmt. Dieses Nachhaken – verbunden mit möglicherweise schon vorhergehenden Kontaktaufnahmen (s. o.) – kann Schulabwesenheiten schnell aufdecken und diesen sogar möglicherweise vorbeugen. Das eigene Handeln und die gemachten Beobachtungen sollten unseres Erachtens in der Klasse zurückgemeldet werden. Geschieht dies entsprechend wertschätzend, sorgt es auch bei anderen Schülern vor, da diese merken, dass sie sich weniger gut dem Nachfragen und Kümmern einer Lehrkraft entziehen können. Außerdem stärkt es das Ansehen der Lehrkraft.

Insgesamt erscheint es für Lehrer sinnvoll, bei Störungen oder Auffälligkeiten die Schüler schon frühzeitig direkt in der Klasse anzusprechen. Ein Klärungsgespräch kann dann auf die Pause nach dem Unterricht oder einen anderen Zeitpunkt verlegt werden. Die Klasse sollte diese Vereinbarung durchaus mitbekommen. Hier verbindet sich das Kümmern mit einem transparenten Vorgehen, welches auch bei anderen Schülern mit ähnlichen Verhaltensneigungen möglicherweise schon Auswirkungen auf deren Verhalten in ähnlichen Situationen haben wird. Gleichzeitig soll der betroffene Schüler nicht bloßgestellt werden. Die Art und Weise der Ansprache wird diesen Unterschied deutlich machen.

Ziele im eigenen sozialen Handeln

In Fortbildungen für Kollegien und Schulteams fragen wir nach, welche Werte das jeweils einzelne und gemeinsame Handeln bestimmen, welche Werteüberschrift quasi über dem Eingang der Schule bzw. des Klassenzimmers hängt. Die vermittelten Werte scheinen eine zwingende Grundlage der Anerkennung als Autorität zu sein. Neben der Qualität des Unterrichts werden in den genannten Befragungen dazu in der Regel auch Werte wie Respekt, Wertschätzung, friedlicher Umgang miteinander, Entwicklung sozialer Kompetenzen u. a. m. genannt.

Grundsätzlich erscheint es aus unserer Sicht hilfreich, wenn Lehrer und andere pädagogische Fachkräfte ihren Schülern gegenüber frühzeitig die von ihnen angestrebten Ziele ankündigen und diese mit entsprechenden Handlungen versehen.

Aus unserer Sicht sollte man neben den obenstehenden Grundhaltungen in Zusammenhang mit dem Konzept der »Neuen Autorität« folgende Wertehaltungen diskutieren und reflektieren:

- *Respekt und Wertschätzung:*
  Diese Werte gelten auch dann, wenn sich das Gegenüber anders bzw. respektlos und nicht wertschätzend verhält. Diese Werte gehen davon aus, dass der Mensch nicht durch sein Handeln, sondern in seinem grundsätzlichen Wert als Person an sich angenommen wird. Auch massives Überzeugen und Insistieren durch (vermeintliche) Argumente gilt als eine Form der Grenzüberschreitung und Respektlosigkeit (Hannah Arendt 1957). So zeigen sich Respekt und Wertschätzung in der intensiven und auf gemeinsame Veränderung ausgerichteten Auseinandersetzung ohne jede Form der Beleidigung oder Ausgrenzung.
- *Lösungs- und Entwicklungsfokussierung:*
  Sie zielt darauf ab, die aktuelle Situation zum Besseren zu verändern. Wesentlich ist also nicht die Frage nach Schuld und Ursache, sondern der Wunsch nach einer Entwicklung bzw. Lösung, die das Zusammen-

leben ab jetzt günstiger für alle (!) Beteiligten gestalten lässt.

- *Beharrlichkeit statt Strafen und Sanktionen:*
  Die Veränderung im Verhalten einer anderen Person findet letztlich ausschließlich mit der Zustimmung dieser Person statt. Während Strafen und Sanktionen den Widerstand in der Regel erhöhen bzw. ihn massiv brechen (auf Kosten von Beziehungsoptionen), schaffen Beharrlichkeit in der Wiederholung (ohne Predigt und Überzeugen) und Konstanz die Gewissheit, dass wirkliches Interesse an einer Veränderung der Situation und der Beziehung existiert. Die Haltung dazu ist von Neugier, Klarheit und (eher schweigender) Eindeutigkeit geprägt. Dies führt in der Regel zu Möglichkeiten der Veränderung, die auch von den Beobachtern wahrgenommen und verinnerlicht werden.
- *Transparenz und Nachvollziehbarkeit des eigenen Vorgehens:*
  Die Transparenz sorgt für die Nachvollziehbarkeit wie auch für die Möglichkeit, das erlebte Handeln selbstreflexiv infrage zu stellen. Daraus ergibt sich

letztlich die Legitimität des eigenen Handelns.

- *Eltern als Partner in einem kooperierenden und gegenseitig unterstützenden Prozess verstehen:*
  Diese Haltung ist davon geprägt, Einladungen und Möglichkeiten für die Eltern zu schaffen – egal, ob sie kooperativ sind oder nicht. Denn wenn sie nicht eingeladen werden, können sie auch nicht kommen.

Der Umgang mit Scham und Beschämung ist im Kontext Schule aus unserer Sicht ein besonderer. Fast jeder Schüler kann sich im Laufe der eigenen Schulzeit an mindestens eine Situation erinnern, in der er von einem Lehrer bloßgestellt bzw. beschämt worden ist. Auch heute gibt es an den verschiedensten Schulen regelmäßig entsprechende Berichte von Schülern – aber auch Berichte von Lehrkräften –, die von der Schulleitung oder von Kollegen bloßgestellt worden sind.

An einem Ort, an dem Noten und Bewertungen zum Alltag gehören, lässt es sich wohl kaum ausschließen, dass es auch die Erfahrung von Beschämung gibt. Gleichwohl könnte ein respektvoller Umgang so gestaltet sein, dass es die Möglichkeit des Austauschs und der Transparenz darüber gibt. Die Lehrperson selbst könnte die Schüler auffordern, einen Bewertungsbogen für sich auszufüllen, und könnte diesen später mit den Schülern gemeinsam auswerten. So kann die Lehrerin bzw. der Lehrer auf das eigene Handeln Bezug nehmen und gleichzeitig im Sinne einer Selbstreferenz bestimmte Umstände verändern oder betonen.

Die Motive von destruktiv bzw. störend handelnden Schülern umdeuten

Verhaltensweisen einer Person nehmen wir häufig als Aussage über die Person als solche wahr bzw. ziehen Rückschlüsse auf die Person. Bei der Strategie der Umdeutung sucht man nach einer verständlichen Motivation oder einem zugrunde liegenden Bedürfnis des störenden Verhaltens. Dabei geht man davon aus, dass mehrere Interpretationen desselben Verhaltens zugleich zutreffen können und ein problematisches Verhalten aus Sicht des Betroffenen eine angemessene Reaktion auf die von ihm wahrgenommene Situation darstellt (Hubrig u. Herrmann 2007, S. 132 ff.).

Es erscheint leichter, auf ein wahrgenommenes Bedürfnis zu reagieren als auf eine möglicherweise feindlich gesinnte Absicht (Omer u. von Schlippe 2010). Selbst bei unverändertem Verhalten von Schülern gibt diese Art der Problembeschreibung einer Lehrperson die Möglichkeit, ihr eigenes Denken und Verhalten zu verändern und dadurch einen Rahmen anzubieten, der auch für den betroffenen Schüler alternative Wege ermöglicht. Eine »gute Absicht« anzunehmen ist genauso hypothetisch wie eine »negative Absicht« zu unterstellen. Ersteres wirkt allerdings deutlich entlastend und schafft einen Kontext, der einer positiven Veränderung mehr Wahrscheinlichkeitsraum bietet als eine mögliche negative Zuschreibung.

Handlungsaspekt: Selbstkontrolle und Deeskalation

Der Verlust von Selbstkontrolle und der Fähigkeit, in kritischen Situationen deeskalierend handeln zu können, kann auf 3 Ebenen entstehen:

1. in der Person an sich,
2. in der Beziehungsdynamik und
3. im System.

(1) Zunächst ist es möglich, dass ich als Person aufgrund einer Situation oder einer persönlichen Betroffenheit innerlich emotional oder auch körperlich eskaliere,

quasi außer Kontrolle gerate (emotionale oder auch körperliche Reaktion). Um die Selbstkontrolle zurückzuerlangen, ist es in der Regel hilfreich, Abstand zu gewinnen, also Formen der Beruhigung und Entspannung zu finden. Auch Gespräche und Reflexionen mit anderen erscheinen förderlich – und zwar mit dem Ziel, dass ich mehr Einfluss auf meine Emotionen und Körperreaktionen bekomme, sodass mein Handeln wieder angemessen erscheint.

(2) Bei Fortbildungen berichten Lehrkräfte im persönlichen Gespräch, dass sie sich in Konfliktsituationen häufig auch und gerade durch die Art und Weise des Verhaltens von Jugendlichen provoziert und abgewertet fühlen. Dann fällt es ihnen schwer, nicht wütend oder gar ausfallend und beleidigend zu werden. Auch beschreiben sie den Druck, unter dem sie durch die Situation in der Klasse stehen. Sie möchten dann nicht ihr Gesicht verlieren und haben den Eindruck, dass die gesamte Klasse nun auf ihre Reaktion wartet. Nicht selten bewerten die Lehrpersonen ihre daraufhin gezeigten Reaktionen im Nachhinein als wenig tauglich, und kritisieren sich selbst für das entsprechende Vorgehen.

Während der schulische Unterricht mehrheitlich Sachinformationen vermittelt, werden Störungen und Verweigerungen bzw. destruktive Verhaltensweisen in der Regel als abwertende Beziehungsbotschaften wahrgenommen. Für den deeskalierenden Umgang in der Begegnung mit Schülern (auch Eltern, Kollegen oder anderen) erscheint eine Position hilfreicher, die es uns erlaubt, eskalierende Situationen als »Spiele« zu betrachten, deren »implizite und explizite Regeln« gerade übertreten wurden. Diese Haltung hilft dabei, aus einer Art Metaposition auf die Situation zu schauen (Hubrig u. Herrmann 2007).

Eine weitere große Hilfe ist für viele die Möglichkeit, sich von dem Druck zu befreien, sie müssten zeitnah und grundsätzlich klärend handeln (Omer u. von Schlippe 2004, 2006; Lemme 2009). Stattdessen können Möglichkeiten der Vernetzung, Verzögerung und Öffentlichkeit genutzt werden. »Ich muss nicht gewinnen, doch ich will beharrlich sein!« ist ein Satz, der in der Pädagogik zentrale Bedeutung gewinnt. Menschen fühlen sich in der Regel innerlich gestärkt, wenn sie es schaffen, sich nicht in Konflikte verwickeln zu lassen, und somit aus der Auseinandersetzung um Gewinnen oder Verlieren, »Rechthaben oder Nicht-recht-Haben« aussteigen.

Auch Predigten, wiederholtes Überzeugen durch vermeintliche Argumente, Generalisierungen (immer, nie ...) und Schuldzuschreibungen (Du-Botschaften) führen i. d. R. zur Ausweitung eines Konflikts, ebenso wie verbale Attacken und Feindseligkeiten. Demgegenüber bewirken positive, integrierende Aussagen (»ich« oder »wir« statt »ihr« oder »du«) eine Stärkung der »konstruktiven inneren Stimmen« des Schülers, der sich destruktiv verhält. Das betroffene Kind bzw. der Jugendliche bleibt so ideell in die Gemeinschaft eingebunden und kann ohne Gesichtsverlust auf eine weitere Eskalation verzichten.

Insofern stehen u. a. folgende Handlungsoptionen zur Verfügung:

- *Metaperspektive einnehmen*

Zur Entlastung der eigenen emotionalen Betroffenheit ist es häufig hilfreich, eine distanzierte Perspektive einzunehmen – sozusagen eine Adlerperspektive. Die Fähigkeit, Verhaltensweisen distanzierter zu betrachten, ermöglicht eine Reflexion über die Zusammenhänge, die zu diesem Verhalten geführt haben. Insofern lässt sich über Bedürfnisse, Rahmenbedingungen oder auch Persönlichkeitsanteile sprechen. Dies wiederum ermöglicht es mir, inakzeptables Verhalten als den Versuch des Handelnden zu verstehen, sein Bedürfnis zu erfüllen, nicht aber als ein Verhalten, das gegen mich gerichtet ist.

- *Der Provokation standhalten*

Gefühle haben einen starken Einfluss auf unser Verhalten. Die stärksten davon sind Angst, Scham, Schuld, Ärger und Ohnmacht. Wenn wir diese Gefühle empfinden, neigen wir schneller dazu, die Selbstkontrolle zu verlieren und anders zu handeln, als wir dies zunächst beabsichtigt haben. Entsprechend werden genau diese »Knöpfe« (von Schlippe u. Grabbe 2007, S. 59) von Schülern (und auch anderen …) gedrückt, wenn diese in eine Situation geraten, in der sie sich durchsetzen möchten. Es ist daher ratsam, sich der eigenen Reaktionsneigungen bewusst zu werden und Handlungsoptionen zu entwickeln, die dem Kontrollverlust bzw. der Kontrolleinschränkung entgegenwirken. Dazu sind innere Mantras, ritualisierte Handlungen oder psychologische Interventionstechniken (z. B. PEP, siehe Bohne 2013) geeignet.

Gleichwohl ist es allein schon hilfreich, in kritischen Situationen die Stimme zu senken und das Tempo zu reduzieren.

- *Vertagen (»Schmiede das Eisen, wenn es kalt ist!« – Haim Omer)*

In der verhaltensorientierten Vorgehensweise wird stets eine unmittelbare Reaktion eingefordert. Außer unter Schutzaspekten gibt es unseres Erachtens kaum eine Situation, in der es vorteilhaft sein könnte, schnell zu handeln. Im Gegenteil: Wir gehen davon aus, dass ein Vertagen der Lösung sogar etliche Vorteile mit sich bringt. So gibt es Gelegenheit zur Beruhigung für alle Beteiligten sowie zur Absprache mit Unterstützern. Die Lehrkraft könnte in einer kritischen Situation ankündigen, dass sie das Verhalten wahrgenommen hat und nicht jetzt, aber doch später darauf zurückkommen wird.

Vertagen

»Ich habe gesehen, was hier passiert ist und was du gemacht hast. Ich als Verantwortliche und wir als Kollegium können und werden dein Verhalten so nicht dulden. Ich werde mich mit den anderen beraten. Wir werden auf dein Verhalten zurückkommen und dich darauf ansprechen.«

Auf diese Weise reagiert man einerseits direkt, vertagt aber auch gleichzeitig die Lösung. Alle Maßnahmen des gewaltlosen Widerstands werden dann durchgeführt, wenn die Emotionen sich insgesamt etwas beruhigt haben – so lassen sich Eskalation und Zwang vermeiden.

(3) Eine weitere mögliche Eskalationsgefahr liegt in der Systemdiskussion – also der Art und Weise, wie über eine Situation bzw. einen Vorfall gesprochen wird.

In einem Workshop berichtete eine Lehrerin von einer Streitsituation unter Schülern. Als die Lehrerin dazwischenging, wurde sie von Apfelsinenschalen getroffen, die ein Schüler aus Ärger in ihre Richtung warf. In der Diskussion im Kollegium wurde sehr emotional über den Vorfall gesprochen. Die mehrheitliche Einschätzung war, das Werfen der Apfelsinenschalen als Gewalt einzustufen und entsprechend für diese unruhige Klasse mit ihren vielen Streitereien ein Exempel zu statuieren. Es wurde überlegt, den betroffenen Schüler für eine Woche von der Schule zu suspendieren und dazu eine Klassenkonferenz einzuberufen.

Die Reaktionen auf eine emotional aufgeladene Situation würden nach distanzierterer Betrachtung im betroffenen

Team bzw. Kollegium häufig weniger eskalierend ausfallen. Ähnliches gilt für stark negativ geprägte Beschreibungen von Schülern oder Klassen, mit denen man als betroffener Pädagoge in der Zukunft zu tun haben wird.

Eine Möglichkeit der differenzierteren Betrachtung ist auch hier die Vertagung auf einen etwas späteren Zeitpunkt, zu dem sich die Emotionen der betroffenen Personen beruhigt haben. Darüber hinaus haben sich folgende Strategien bzw. Fragemuster als hilfreich erwiesen:

Fragemuster zur Deeskalation in Gruppen/Teams

Was genau hat zu der Situation geführt, könnte also das Verhalten besser erklären?

- Was genau ist passiert? Was ist das eigentliche Problem dieser Situation gewesen?
- Welches Bedürfnis könnte hinter diesem Verhalten stehen?
- Für wen oder was ist die geplante Intervention hilfreich? Was genau möchten wir denn erreichen?
- Was könnte auch den betroffenen Schüler in seiner Entwicklung fördern bzw. zu einer Gesamtberuhigung aller Beteiligten beitragen?

- Wann verhält sich dieser Schüler anders als in der berichteten Situation?
- Welche Fähigkeiten besitzt dieser Schüler in anderen Kontexten?
- Wer hat einen guten Einfluss und Kontakt zu diesem Schüler und kann somit entsprechend deeskalierend einwirken?
- Unter diesen Umständen: Welches Vorgehen erscheint uns zielführend und angemessen?

Handlungsaspekt: Transparenz und Öffentlichkeit

Jeder von uns weiß: Unerlaubte Dinge tun wir am liebsten unbeobachtet, um etwaigen Schwierigkeiten aus dem Wege zu gehen. Dies gilt natürlich auch für Schüler. Jede Form von Grenzüberschreitung findet in der Regel zunächst heimlich statt. Gerade Gewalt, Mobbing, Schutzgelderpressungen und weitere destruktive Handlungsweisen weiten sich sogar aus, wenn sie eine Weile unbeobachtet bleiben. Dies gilt auch für weit weniger gravierende Dinge wie die möglicherweise unerlaubte Nutzung von Handys im Unterricht.

Es gibt zudem auch etliche Beispiele, an denen gewaltbereite und destruktive Verhaltensweisen von Erwachsenen wahrgenommen, aber nicht weiter beachtet worden sind. Auch das, was auf dem Pausenhof oder in der Schule selbst eigentlich verboten ist, aber stillschweigend geduldet wird, weitet sich in der Regel aus – solche Duldung wird oft wie eine Erlaubnis zum weiteren Vorgehen verstanden. Zudem sinkt die Autorität der Erwachsenen, während die destruktive Verhaltensbereitschaft einiger Schüler wächst.

Demgegenüber stärken wir im Konzept der »Neuen Autorität« bewusst und gezielt die Bereitschaft, jede Form der Geheimhaltung und Isolation zu überwinden. Auch wenn in einzelnen Fällen noch nicht klar ist, wie das Vorgehen genau aussehen soll, ist es schon sehr hilfreich, wenn der Klassenlehrer, das Kollegium bzw. die Schulleitung in einem ersten Schritt mitteilen, was beobachtet worden ist, wie die Meinung der Verantwortlichen dazu ist und dass sie die Verantwortung für eine Klärung übernehmen. Auch etwaige Schutzmaßnahmen können an dieser Stelle bereits angekündigt werden.

Hier zeigen sich die zentralen Funktionen der Handlungen zur Transparenz und zum Herstellen von Öffentlichkeit:

- Schutz bieten durch Benennen der Beobachtung und dadurch, dass man die Verantwortung für das weitere Vorgehen übernimmt
- Vernetzungen und Bündnisse schaffen
- Die Bekanntmachung des eigenen Handelns, indem man die Verhaltensweisen und Beobachtungen ohne Anklage oder Beschämung einzelner Personen (keine Namensnennung) benennt
- Transparenz im Sinne der Überprüfbarkeit und Zuverlässigkeit sowie der Selbstkontrolle beim weiteren Vorgehen
- Legitimation des eigenen Handelns (die sich aus den vorigen Punkten ergibt)

Gewalthandlungen können ohne Diffamierung einzelner Personen in der Schule bekannt gemacht werden. Wir regen an, in den Klassen über entsprechende Vorkommnisse zu sprechen und gemeinsam zu überlegen, was jeder Einzelne tun kann, um eine Wiederholung zu vermeiden. Zur Etablierung einer entsprechenden Vorgehensweise in der Kultur einer Schule können alle analogen und digitalen Mittel der Kommunikation ohne Namensnennung über Gewaltvorfälle und entsprechende Gegenmaßnahmen berichten.

Es gilt, in der Schule und mit allen beteiligten Personen eine Kommunikation zu fördern, die eine konstruktive Auseinandersetzung mit Gewalt und eskalierenden Konflikten ermöglicht. Diese basiert zunächst auf Transparenz und Berichterstattung. Eine solche Öffnung schafft grundsätzlich ein größeres Vertrauen von Schülern in das Lehrpersonal und in dessen Fähigkeiten, Eskalationen erfolgreich zu handhaben (Omer 2009). Sie schafft außerdem eine Grundlage, in kritischen Situationen schnell und effektiv handeln zu können. Damit wird auch angekündigt, dass es Möglichkeiten der Veränderung, der Verbesserung und möglicherweise auch der Wiedergutmachung gibt. Das schafft eine Perspektive der Hoffnung und Lösungsfokussierung.

Wie oben schon erwähnt ist die Haltung von Transparenz und Öffentlichkeit eine, die im Rahmen der Wachsamen Sorge schon präventiv bei nicht betroffenen Schülern wirkt. Dabei sind gleich verschiedene Ebenen angesprochen:

- Die betroffenen Schüler erleben nicht nur eine Öffentlichkeit, in der sie angesprochen werden, sondern sie erleben ebenfalls eine klare Aufmerksamkeit einer Person, die sich als ein Gegenüber im Sinne der Erziehungsverantwortlichkeit zeigt.

- Andere Schüler bekommen mit, in welcher Art die Verantwortlichen vorgehen und wie verbindlich sie dabei sind. Insofern halten wir es für äußerst sinnvoll, dass sie später berichten, in welcher Art und Weise sie vorgegangen sind und was sich daraus ergeben hat.
- Durch die Absprache mit anderen Lehrkräften erscheinen die Lehrer als ein Team und erlangen damit insgesamt eine größere Anerkennung. Nach unseren bisherigen Erfahrungen gehen wir davon aus, dass das Gefühl der Sicherheit für Schüler somit steigt (Omer u. von Schlippe 2010). Damit einhergehend sinkt das Destruktionsniveau.
- Wie oben schon beschrieben führen auch die offene und gegenseitige wertschätzende Auseinandersetzung über soziale Abläufe und konstruktive Kritik zu einem Modell im Umgang mit Zusammenhängen, die auch zwischen den Schülern auftauchen. Die soziale Kompetenz jedes einzelnen Schülers wird an dieser Stelle angehoben. Die Rückwirkung einer positiver-

en Klassenatmosphäre gilt mittlerweile als anerkannt (Keller 2012).
- Das Öffnen des eigenen Klassenraums für andere Lehrer und auch für Eltern vermittelt die Botschaft, dass die unterrichtende Lehrperson nicht alleine, sondern in einem offenen Austausch mit anderen Erziehungsverantwortlichen steht. Damit sinkt die Bereitschaft zur Eskalation, gleichzeitig steigt die Möglichkeit einer angemessenen, eher demokratisch orientierten Klärung von kritischen Situationen.

Diese Haltung lässt sich auf die gesamte Schule übertragen. An dieser Stelle wird deutlich, dass ein Handeln im Sinne der »Neuen Autorität« Auswirkungen auf verschiedene Bereiche des Systems Schule haben kann: Neben dem Handeln in Zusammenhang mit der Schülerschaft wird es Auswirkungen für die Struktur des Systems, für das Miteinander im Kollegium sowie für das Leitbild geben – und vermutlich darüber hinaus.

Handlungsaspekt: Unterstützung und Netzwerke

Ein zentraler Bestandteil der Präsenz ist die Botschaft »Ich bleibe nicht allein!«. Wenn wir uns als allein oder auch alleingelassen erleben, schwindet ein großer Teil unserer Wirksamkeit. Erleben wir uns hingegen als Teil eines Teams, verstärkt dies unsere Position – es stärkt den Anteil selbsterlebter Autorität.

Darüber hinaus führt der wertschätzende und lösungsfokussierte Austausch in einem Netzwerk zu einer selbstreflexiven Auseinandersetzung mit den eigenen Schwächen und Stärken, was insgesamt zu einer persönlichen Stärkung führt. Außerdem erhöht eine solche teamorientierte Reflexion die eigene Selbstkontrolle, da ich den anderen meine eigenen Vorgehensweisen im Sinne des gemeinsamen Vorgehens erklären muss.

Durch die kollektive Mitteilung und Durchführung von Maßnahmen der »Neuen Autorität« bekommt der Widerstand gegen destruktive und nicht geduldete Verhaltensweisen eine größere Basis und wird von den Betroffenen als solcher auch wahrgenommen. In allen Zusammenhängen, in denen Pädagogik und Erziehung gut gelingen, ist das »Wir-Gefühl« eines Teams bzw. Kollegiums mit der zentralste Faktor für die Wirksamkeit.

Netzwerke, die bereits gestaltet und entwickelt sind, können schon unter weniger bzw. gar nicht belasteten

Situationen in ihrer Wirksamkeit überprüft werden. Dies bedeutet, dass sie dann unter besonderen und kritischen Situationen sofort wirksam sind und Möglichkeiten des schnellen Handelns eröffnen. Wenn die notwendigen Netzwerke erst unter Konfliktbedingungen gebildet werden, bedeutet dies eine deutliche Zeitverzögerung und einen erheblich größeren Aufwand.

Im Kontext Schule lassen sich aus unserer Sicht vorrangig drei mögliche Kooperationsebenen unter den Erziehenden betrachten:

1. Kooperation im Kollegium
2. Kooperation mit Eltern
3. Kooperation mit Externen

1. Kooperation im Kollegium

In Kollegien reflektieren wir die Möglichkeiten, wie sich Gruppen und Kreise von Lehrern bilden können, in denen ein intensiver Austausch über Erlebensinhalte möglich wird. In Fallbesprechungen und Supervisionen kann man gemeinsame Gestaltungs- und Handlungserfahrungen machen, die einen Ausbau der Kooperations- und Integrationsmöglichkeiten schaffen. In kritischen Situationen zeigt es sich als sehr entlastend, wenn man eine gegenseitige Unterstützung schaffen kann, sodass sich der Lehrer der Situation nicht allein aussetzen muss. Dies erscheint vielen zunächst fremd, da sie Sorge haben, ihr Gesicht zu verlieren. In der Kultur eines gemeinsamen »Wir« ist dies jedoch eine hohe Handlungskompetenz, denn die Isolation des Einzelnen ist damit aufgehoben, und er wird deutlich weniger anfechtbar.

Gerade bei akut drohender Gefahr scheint ein schnelles Handeln erforderlich zu sein, wie die aktuellen Vorfälle um die sogenannten Amokläufe deutlich machen. Besondere Kreise im Sinne eines Frühwarnsystems einzurichten, die sich mit besonderen Fragestellungen beschäftigen, scheint eine gute Vorbereitung auch im Hinblick auf weitere Eskalationen zu sein. Reine Notfallpläne zu erstellen führt hingegen offensichtlich zu »Abnutzungserscheinungen« – zumal diese nur, wie der Name schon sagt, im Notfall genutzt werden.

Omer (2008, 2009) schlägt deshalb vor, aktive Alarmsysteme in Schulen einzurichten, die es ermöglichen, Alarmsignale zu erkennen, sie zu bewerten und entsprechend handeln zu können. Er beschreibt dazu ein Obhut-Kollegium, gebildet aus Schulleitung und Lehrkräften, das sich verpflichtet, mit Eltern und auch außerschulischen Funktionsträgern zusammenzuarbeiten. Die Aufgabe dieses Kollegiums besteht darin, Gefahrensignale (z. B. Drohungen) frühzeitig wahrzunehmen und zu bewerten sowie ggf. Gegenmaßnahmen einzuleiten. Dieses Kollegium wird immer dann tätig, wenn es eine Rückmeldung über eine drohende Gefahr gibt. Es ist also regelmäßig aktiv.

Wir gehen davon aus, dass eine gelingende gegenseitige Unterstützung zunächst den Dialog untereinander ermöglicht. Das bedeutet im Alltag, dass Gesprächsräume eingerichtet werden, in denen man sich konstruktiv über das eigene Erleben, die Wahrnehmung von Verhalten und Personen sowie über die Selbstreflexion des eigenen Handelns austauschen kann. Erst unter dem eigenen Eingeständnis von Fehlern und erlebter Hilflosigkeit ist es möglich, sich konstruktiv gegenseitige Unterstützung anzubieten. Daraus resultierend können gemeinsame Vorgehensweisen entstehen, die die Lehrpersonen sonst alleine durchgeführt hätten. So kündigen sie Veränderungen nicht mehr alleine, sondern zu zweit an. Die Kultur eines Teams entsteht dann, wenn man auf Unterstützung zurückgreift und in sichtbarer Form in einem »Wir« spricht – selbst wenn diese Unterstützung nicht zwingend notwendig ist. Unterstützung, die erst dann wirksam wird, wenn sie zwingend notwendig ist, wird in der Regel nicht als Unterstützung, sondern als Hilfe verstanden, die man benötigt, weil es allein nicht mehr gelingt. Dies stärkt die eigene Position aber nicht.

Fallbesprechungen, offene Klassenzimmer und persönliche Reflexion des eigenen Handelns bilden die Basis dieser Vorgehensweisen.

2. Kooperation mit Eltern

Der Kontakt zwischen Lehrern und Eltern ist oft sehr belastet. Bezeichnungen wie »Elternbrechtage« machen sichtbar, dass die Kooperation als anstrengend, zeitraubend und wenig hilfreich erlebt wird. Lehrer neigen dazu, Eltern nicht als Partner in Auseinandersetzungen wahrzunehmen – denn nicht selten machen sie die Eltern für die Verhaltensweisen des Kindes verantwortlich. Darüber hinaus befürchten Lehrer oft, dass das Aufdecken von Schwierigkeiten die Kritik gegen sie selbst verstärken könnte. Gerade dieses häufig als abweisend und begrenzend wahrgenommene Verhalten führt allerdings in der

Regel zu mehr Misstrauen und Auseinandersetzungen sowie zur Abwertung seitens der Eltern. Manche Eltern sind für Lehrer zudem nur unter hohem Zeitaufwand oder gar nicht zu erreichen.

Gleichwohl kann Lernen nur bei intensiver Kooperation stattfinden. Dort, wo Erwachsene nicht miteinander sprechen, entstehen Kommunikationslücken. Manche Schüler nutzen solche Lücken aus. Wenn die Erwachsenen nichts voneinander wissen, ist es schwierig, dies bei Konflikten aufzuholen. Wir stimmen Omer und von Schlippe (2010) zu, wenn sie die Gefahr sehen, dass bei Konflikten zwischen Lehrern und Eltern die Sicherheit aller Beteiligten verloren gehen kann. Zunächst nimmt in der Regel die Autorität der Lehrer ab, wenn Eltern diese vor ihren Kindern abwerten. In der Folge, häufig von diesen nicht bedacht, reduziert sich auch die Autorität der Eltern, da die Abwertung von Lehrern quasi die Erlaubnis impliziert, Erwachsene abwerten und respektlos behandeln zu dürfen. Damit können, wie sich schon vielfach gezeigt hat, negative Neigungen bzw. Verhaltensweisen zunehmen, sich in der Klasse ausbreiten und somit auch letztendlich die Sicherheit in der Klasse durch Ausweitung gewaltbereiter und respektloser Handlungen verringern. Daraus folgend empfehlen wir die grundsätzliche und frühzeitige Entwicklung einer Kooperationskultur zwischen Eltern und Lehrern, die die Wahrscheinlichkeit gegenseitiger Abwertung verringert.

Das alltägliche Erleben von Lehrern ist davon geprägt, dass die Kooperation mit Eltern bei steigendem Alter und mit sinkendem Schulniveau immer schwieriger wird. Auch Migration und Sprache stellen häufige Erschwernisse in der Kooperation dar. Wir regen in unseren Fortbildungen Interventionskreise von Lehrern und Eltern an, die sich mit diesen Fragen beschäftigen. Die Aufgabe eines solchen Vermittlungskreises ist es, Kontakt zu Eltern aufzunehmen, die bei auffälligem Verhalten ihrer Kinder in der Schule nicht erreichbar sind. So könnten auch andere Eltern die Aufgabe übernehmen, diese Eltern zu kontaktieren.

Auch hier gilt, dass es eine Illusion wäre zu glauben, alle Eltern würden gerne und regelmäßig Kontakt zur Schule halten. Insofern werden auch auf die freundlichsten, persönlichsten und beharrlichsten Einladungen nicht alle Eltern positiv reagieren. Verzichtet der Lehrer allerdings auf die Einladung der Eltern, haben diese keine Chance mehr, auf Einladungen zu reagieren. Die Lehrkraft verzichtet dann ihrerseits auf die Kontaktaufnahme und wird dies in der eigenen Haltung auch im Kontakt zum Schüler zeigen.

Beispiele und Anregungen für eine gelungene Kooperation mit den Eltern:

- frühzeitige Einladungen an Eltern zur Beziehungsgestaltung – zu Beginn eines Schuljahres bzw. bei Übernahme einer neuen Klasse
- Gestaltung von Gesprächen mit Eltern als Kooperation von gleichberechtigten Erziehungsverantwortlichen, die für unterschiedliche Bereiche zuständig sind
- Öffnen des Klassenraums für Eltern im Sinne der Hospitation und Unterstützung
- Transparenz und Öffentlichkeit als Grundhaltung zwischen Lehrern, Eltern und Schülern
- frühzeitiges Einbinden bei entstehenden Schwierigkeiten
- Gremium für Konflikte zwischen Eltern und Lehrern

- Projekte im Sinne gemeinsamer sozialer Verantwortlichkeit
- frühe Hilfen ermöglichen bei Schwierigkeiten von außen
- gemeinsame Vorgehensweisen bei Problemen

3. Kooperation mit Externen

Ebenso wie mit Kollegen und Eltern lässt sich auch mit anderen Personen und Institutionen (ehemaligen Schülern, Polizei, Psychotherapeuten, Ärzten, Jugendamt u. a. m.) außerhalb der Schule eine regelmäßige entsprechende Kooperation aufbauen. Auch ältere Schüler kann man innerhalb der Schule als Paten aktivieren. Der Kontakt zu anderen Erwachsenen erhöht die Möglichkeit, auf das Verhalten der Schüler Einfluss zu nehmen. Im Gegensatz dazu isolieren sich Lehrer, wenn sie den Ort, an dem Schwierigkeiten geklärt werden können, zu sehr zu einem privaten, für sie nicht erreichbaren Ort (Eltern, Psychotherapeutinnen u. a. m.) erklären. Schule bildet für die Schüler – aber auch für alle beteiligten Erwachsenen – die Schnittstelle zur Gesellschaft, repräsentiert diese in gewissem Sinne. Insofern ist die Verantwortung für das System Schule stets auch eine Verantwortung für die gesellschaftliche Integration und Rahmung.

Mögliche Teams/Netzwerke/Vorgehensweisen:

- Leitungsteam, Obhut-Team
- Unterstützungs-, Reflexionsteams im Sinne der Intervision und Fallberatung in Jahrgangsstufen- oder Klassenteams.
- Intervision und Supervision (extern)
- Ombuds-Teams im Kollegium, für Konflikte zwischen Eltern und Lehrern sowie zwischen Schülern und Lehrern, bestehend aus den jeweils betroffenen Personengruppen
- regelmäßige Sprechzeiten und Kontaktgespräche mit Eltern außerhalb oder statt Elternsprechtagen – ggf. unter Beteiligung von Kollegen mit gutem Kontakt zum Schüler
- Rückkehr- und Abwesenheitsgespräche zur gelingenden und integrativen Rückkehr vorübergehend abwesender Schüler
- Einladung und regelmäßige Kontakte an religiöse Vertreter der Kulturen, die an der Schule zusammenleben

- Begegnungskreise mit Externen, Gesellschaftsvertretern, Politikern, Freiwilligen …

Handlungsaspekt: Gegenüber, Protest und Widerstand
Im Laufe unserer gemeinsamen Arbeit mit Schulen haben sich einige demonstrative Vorgehensweisen als hilfreich für die eigene Haltung und im Umgang mit kritisch zu bewertenden Situationen gezeigt. Allen Methoden gemeinsam ist die vorausgehende Entscheidung, einem Verhalten deutlich zu begegnen, welches so in dieser Art in der Schule entweder nicht akzeptabel ist oder Anlass zur Sorge gibt. Damit stellt sich die Lehrkraft erziehungsverantwortlich in die Rolle einer aktiv handelnden Person, die sich mit den beteiligten Schülern auseinandersetzen will und wird. Die methodischen Möglichkeiten werden an dieser Stelle in der Reihenfolge ihrer Intensität dargestellt. Dabei bleibt es das Ziel aller Vorgehensweisen, die Präsenz der Lehrkräfte zu stärken.

Wir haben weiter oben die Wachsame Sorge als Prozessmodell vorgestellt. Schrittweise können Interventionen zunächst wiederholt werden, dann durch größere Unterstützung nachhaltiger gemacht und schließlich durch die Intensivierung verstärkt werden. Entsprechend kann man die Maßnahmen wieder reduzieren, wenn sich das Verhalten verbessert.

Die Steigerung der Präsenz sowie die Beharrlichkeit stellen also die ersten Optionen für entsprechende Vorgehensweisen dar.

In Fortbildungen von Schulkollegien werden wir häufig gefragt, welche Möglichkeiten es gibt, gegen Unruhe in Schulklassen vorzugehen. Weiter oben haben wir schon auf die Präsenzerweiterungen hingewiesen. Ein erster Schritt der Intensivierung stellt das sogenannte »Ausrufezeichen«[4] dar. Nachdem die Lehrperson sich zunächst im Raum vor allem dort bewegt, wo die Unruhe entsteht, führt sie bei anhaltender Unruhe den Unterricht weiter, schaut die beteiligten Schüler aber nachhaltig mehrere Sekunden lang an. Sollte auch dies nicht ausreichen, bleibt sie vor den betreffenden Schülern stehen, unterbricht ihr Sprechen, schaut den Schüler schweigend (3 Sekunden) an, spricht eine kurze Anweisung (z. B. »Ich erwarte ab jetzt Ruhe!«), schaut danach

4 In Anlehnung an »Bookmark« von Idan Amiel, vorgestellt 2006 in Osnabrück im Rahmen einer Tagung.

erneut schweigend (3 Sekunden) und führt dann den Unterricht weiter. Das Schweigen vor und nach der Mitteilung stellt das »Ausrufezeichen« dar.

Die Erweiterung dieser Vorgehensweise könnte ggf. in einer Ankündigung der Lehrkraft liegen, die erneut mit Schweigen vor und nach der Bekanntmachung mit einem Ausrufezeichen betont wird:

> *»Da ich feststelle, dass trotz meiner Anweisungen keine Ruhe eingetreten ist, werde ich mich mit meinen Kollegen und euren Eltern beraten, wohl euch auch einzeln ansprechen, weil mir wichtig ist, dass der Unterricht für alle ungestört und angenehm durchgeführt werden kann!«*

Die Aufgabe der Lehrperson ist nachfolgend die Durchführung der Maßnahmen, die sie angekündigt hat – mit der entsprechenden Rückmeldung an die Schüler, welche weiteren Schritte folgen werden. Die Stärkung der Präsenz liegt vor allem in der Entschiedenheit und der Erweiterung des Unterstützungsnetzwerks.

Wie oben beschrieben ist die Entscheidung für eine entsprechende Vorgehensweise der erste Schritt zur Veränderung der Situation.

Der 11-jährige Kevin fiel seit Wochen durch massiv aggressives Verhalten auf. Er schlug Mitschüler, erpresste Geld und motivierte andere zu ähnlichen Verhaltensweisen. Eltern, Klassen- und Fachlehrer hatten gemeinsam mit der Schulleitung das weitere Vorgehen überlegt. Es wurde eine Klassenkonferenz einberufen, in der Kevin anwesend war. Er saß neben seinem Vater. Am Ende dieser Zusammenkunft wurde folgende Ankündigung von der Klassenlehrerin verlesen:

»Lieber Kevin, wir, also deine Eltern und ich als deine Klassenlehrerin wie auch das gesamte Kollegium, sind in großer Sorge um dich und deine Mitschüler. Wir haben zu viel gewalttätiges Verhalten erlebt wie Schlagen und Erpressen. Dieses Verhalten können und wollen wir nicht dulden. Wir möchten auch, dass du in dieser Klasse und an dieser Schule bleiben kannst. Daher haben wir uns zusammengetan und gemeinsame Aktionen beschlossen: Du wirst für eine Woche vom Unterricht ausgeschlossen. Täglich erhältst du deine Hausaufgaben, indem Mitschüler oder wir Lehrkräfte dich besuchen. Wir (deine Eltern und wir Lehrer) wer-

den mit dir Gespräche darüber führen, was wir von dir erwarten, damit du in die Klasse zurückkehren kannst. Wir werden uns untereinander über dein Verhalten austauschen und dir jeweils eine Rückmeldung geben, was wir beobachtet haben.
Du bist uns wichtig und wir möchten, dass du in der Schule und in der Klasse bleiben kannst!«

Eine **Ankündigung** beginnt damit, dass sich die Erwachsenen für eine gemeinsame Vorgehensweise entscheiden, die nicht darauf zielt, Macht zu demonstrieren oder sich durch Strafen durchzusetzen (Omer u. von Schlippe 2004). Dabei wird das abgelehnte Verhalten deutlich benannt. Zugleich wird betont, wie wichtig den Beteiligten der Jugendliche ist und welche eigenen Handlungsschritte sie unternehmen wollen, um die Situation zu verbessern. Dies kann z. B. die Vergrößerung des Unterstützungsnetzwerks und der Öffentlichkeit sein oder vermehrte Präsenz. Als hilfreich hat sich eine ritualisierte Situation wie in diesem Fall die Klassenkonferenz erwiesen.

Eine Grundschule verwendete in mehreren Situationen und in Zusammenhang mit kritischen Ereignissen den Wochenabschluss mit allen Schülern und Lehrern für Ankündigungen. Das gesamte Kollegium trat dazu gemeinsam vor die Schülerschaft und kündigte an, in welcher Form sie handeln wollten.

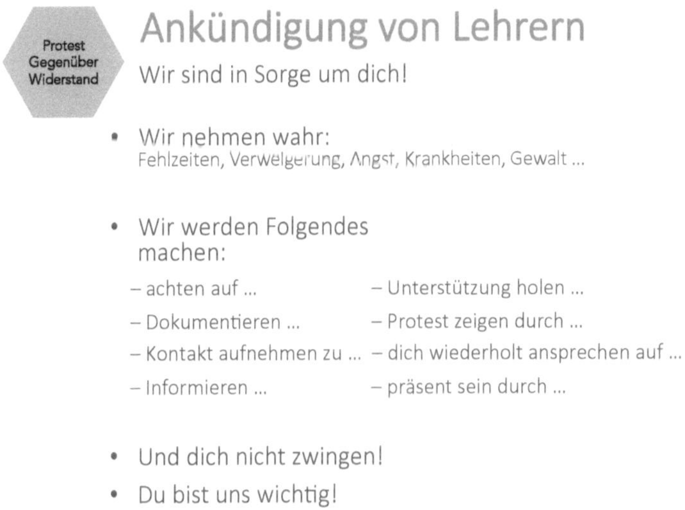

Abb. 5: Struktur einer Ankündigung von Lehrern

Der Schwerpunkt einer Ankündigung liegt nicht vorrangig darauf, das inakzeptable Verhalten abzulehnen, auch wenn dies unbedingt benannt wird. Die Ankündigung achtet darauf, die Sorge der Lehrkräfte mitzuteilen, und macht klar, was die Lehrpersonen im Umgang mit dem inakzeptablen Verhalten ab sofort zusätzlich, verstärkt oder anders machen werden. Danach handeln sie entsprechend dieser Ankündigung. Es werden weder Zwang noch Forderungen ausgesprochen – es sei denn, eine Wiedergutmachung wird eingefordert. Im Folgenden ist ein Raster zur Erstellung einer Ankündigung dargestellt.

Beispiel einer Ankündigung (7. Klasse einer Gesamtschule)

»Wir Lehrer haben in eurer Klasse beobachtet, dass einige Schüler von anderen getreten, geschlagen und erpresst werden. Das macht uns große Sorge! Wir sehen das als Gewalt und werden dies auf keinen Fall in dieser Klasse und an dieser Schule dulden. Daher werden wir Folgendes tun:

Wir werden vermehrt vor und nach dem Unterricht anwesend und auch in den Pausen aufmerksam sein. Wir werden, sobald uns Verhaltensweisen auffallen, die uns Sorgen machen, die betreffenden Schüler ansprechen, eure Eltern informieren und dann einzelne weitere Schritte überlegen. Wir scheuen auch vor Schulausschlüssen nicht zurück, um Schutz für alle zu ermöglichen. Dazu werden wir einen Elternabend mit euren Eltern durchführen, an dem wir mit diesen das gemeinsame Vorgehen absprechen. Alle unsere Beobachtungen werden dokumentiert und der Schulleitung, allen Kollegen, euch und euren Eltern zur Verfügung gestellt. Wir möchten jede und jeden Einzelnen von euch weiter an dieser Schule halten und werden alles, was uns möglich ist, tun, um euch zu schützen.

Euer Lehrerteam«

Die beständige aufmerksame Fürsorge des Lehrers und die demonstrative Anwesenheit auch nach kritischen Situationen vermittelt die Botschaft, dass er für alle Schüler erreichbar ist, sich nachhaltig für den Schutz jedes einzelnen einsetzen und sich gegen vorkommende Übergriffe wenden wird. Dazu sind verschiedene Handlungen möglich – so z. B. das **Schweigende Gespräch** oder das **Sit-in**.

Das Schweigende Gespräch

Das »Schweigende Gespräch« haben wir als einfachere Variante entwickelt, um Sorge und Protest gegenüber dem nicht duldbaren Verhalten auszudrücken. Zudem wird der Schüler in seiner Verantwortung für die Gestaltung von

Beziehungen ernstgenommen. Ein oder zwei Lehrkräfte setzen sich mit dem betroffenen Schüler bzw. der Schülerin in einen ruhigen Raum, die Lehrkräfte eher im Bereich der Tür. Sie setzen sich und nehmen dabei eine Haltung von Entschiedenheit und sichtbarem Interesse am Schüler ein. Sie leiten das Gespräch mit folgenden Worten ein:

> *»Wir wissen und akzeptieren, dass eine Veränderung deines Verhaltens nur mit Deiner Zustimmung möglich ist. Gleichwohl dulden wir (›dein Verhalten‹ – wird konkret benannt) nicht mehr. Daher werden wir hier eine Weile sitzen und schweigen. Wir warten dabei auf Vorschläge von dir, was du tun willst, damit dein Verhalten und unsere Beziehung wieder besser werden.«*

Danach schweigen sie bis zu 3 Minuten – je nachdem, was sie zuvor festgelegt haben. Dabei bleiben sie in Gesprächshaltung, aber ohne zu sprechen. Konstruktive Vorschläge greifen sie auf und treffen darüber eine Vereinbarung. Provokationen und unbrauchbare Vorschläge werden ignoriert. Sollte keine Vereinbarung getroffen worden sein, wird dieses Schweigende Gespräch beendet mit:

> »Heute haben wir noch keine Lösung gefunden!«

Entsprechend kann eine Wiederholung zu weiteren Zeitpunkten mit möglicherweise unterschiedlicher Beteiligung der Lehrkräfte stattfinden. Das Schweigende Gespräch unterscheidet sich im Organisationsaufwand sowie in der zeitlichen und personellen Umsetzung vom Sit-in, welches umfangreicher und komplexer angelegt ist.

Das Schul-Sit-in

Dies ist ein festgelegtes Vorgehen, bei dem Lehrer und Pädagogen (gerne wenn möglich auch Eltern) ihren Widerstand gegen destruktive Verhaltensweisen eines oder auch mehrerer Schüler zum Ausdruck bringen und sich zur Änderung der zugehörigen Situation verpflichten. Dazu ist eine gute Vorbereitung nötig. Eine Ankündigung wie oben beschrieben ist die Voraussetzung. In einer ungestörten Situation setzen sich Eltern und Lehrer gemeinsam mit dem Jugendlichen in einen Raum. Sie teilen mit, gegen welches Verhalten sie sich wenden. Möglicherweise nimmt jeder der Anwesenden kurz Stellung zum Verhalten und zur eigenen Betroffenheit. Auch der Jugendliche wird befragt.

Dann kann der Leiter des Sit-ins folgende Worte äußern:

»Wir sehen, dass sich auch positive Dinge ereignet haben.

Heute sind wir aber wegen der genannten Vorfälle hier. Deswegen werden wir hier sitzen und darauf warten, dass du Vorschläge machst, wie sich dieses Verhalten in Zukunft verhindern lässt und wie du die Verletzungen, die du angerichtet hast, wiedergutmachen kannst.«

Danach schweigen die Anwesenden eine Viertelstunde oder länger, ohne sich auf Diskussionen oder Provokationen einzulassen. Dann werden positive Lösungsvorschläge aufgegriffen und in der Umsetzung begleitet. Sollte keine Lösung gefunden worden sein, stehen die Anwesenden auf, erklären, dass heute keine Lösung gefunden worden sei und sie darauf zurückkommen werden (s. a. Omer u. von Schlippe 2010).

Wenn Lehrer sich in der Schule entscheiden, in dieser oder ähnlicher Art eigene Präsenz und Möglichkeiten des Widerstands zu demonstrieren, und dabei beharrlich im Kontakt bleiben, verändert sich die Qualität für alle Beteiligten. Die Lehrkraft wird deutlich in der eigenen Autorität bestärkt, der betroffene Schüler hat eine klare Botschaft erhalten, und die beobachtenden Schüler erleben eine Handlungskompetenz, die sich auch auf ihre Verhaltensweisen auswirkt. Derartige Aktionen werden entweder wiederholt durchgeführt oder in eine umfangreichere Strategie eingebunden.

Eine weitere Möglichkeit stellt die sogenannte **präsente Suspendierung** dar (notwendige vorübergehende Schulausschlüsse bei gleichzeitig aufrechterhaltenem Kontakt). Aus Schutzgründen kann es unerlässlich sein, dass inakzeptabel und destruktiv handelnde Schüler vom Unterricht bzw. der Anwesenheit in der Klasse und in der Schule befreit werden. Allein die Abwesenheit stellt aber nach unserer Ansicht kein angemessenes pädagogisches Mittel zu Veränderung dar. So könnte in einer entsprechenden Klassenkonferenz mit den Eltern abgesprochen werden, dass es während des Ausschlusses zu folgenden Vereinbarungen kommt:

- Die Hausaufgaben müssen der Lehrkraft zur Überprüfung vorgelegt werden.
- Besuche von Lehrern oder Termine in der Schule mit Gesprächen zur Lösung der Situation
- Beteiligung der Schulleitung
- Teilnahme an Arbeiten in einem separaten Raum unter Beobachtung
- ggf. Verlängerung des Ausschlusses bei fehlender

Einsicht oder Ablehnung der Gesprächskontakte,

- Forderung für eine Wiedergutmachung an betroffene Mitschüler, Lehrkräfte und die gesamte Klasse

In ähnlicher Weise lassen sich auch Auszeit- oder Trainingsraumprojekte in das Konzept der »Neuen Autorität« integrieren. Dabei ist aus unserer Sicht festzuhalten, dass ein vorübergehender Ausschluss keine Bestrafung darstellt und nicht vorrangig den Pädagogen zur Erleichterung dienen soll. Zur Selbstreflexion in Zusammenhang mit diesen Maßnahmen hilft in der Regel die Frage:

Wem dient diese Intervention gerade in erster Linie?

Beantwortet die Lehrkraft diese Frage mit vorrangigem Blick auf sich selbst, benötigt sie Unterstützung durch das Kollegium. Vielmehr geht es um eine Maßnahme von Schutz, Beruhigung und Deeskalation. Dies wiederum setzt voraus, dass die Lehrperson, die diese Maßnahme einsetzt, ebenfalls dafür bereitsteht, sich mit dem Schüler über seine Rückkehr auszutauschen. Der Kontakt wird nicht abgebrochen, sondern aufrechterhalten bzw. wieder aufgenommen.

Wir empfehlen außerdem die **Dokumentation** der durchgeführten Maßnahmen, wobei der Prozess und die Vorgehensweisen im Rahmen der betroffenen bzw. notwendigen Öffentlichkeit allen Unterstützern sowie den beteiligten Schülern selbst zur Verfügung gestellt werden. Dabei sollten die beschriebenen abgelehnten Verhaltensweisen genauso benannt werden wie auch erste beobachtete positive Veränderungen und andere prosoziale Verhaltensweisen. Diese lösungsfokussierte Vorgehensweise betont, dass die betroffenen Schüler in ihrer ganzen Person wahrgenommen werden und dass man es ihnen zutraut, sich konstruktiv und sozial angemessen verhalten zu können.

Handlungsaspekt: Beziehungsgesten und Wiedergutmachung

Wenn, wie oben beschrieben, Lehrer vor allem dann als Autorität wahrgenommen werden, wenn sie persönlich erfahrbar werden bzw. ein freundlicher und respektvoller Umgang möglich ist, erscheint es sinnvoll, diese Haltung mit entsprechenden Gesten zu zeigen (Omer u. von Schlippe 2004). Dies können kleine freundliche Bemerkungen oder Gesten sein, die an keine Bedingungen geknüpft sind und weitgehend unabhängig vom Verhalten des Schülers gemacht werden. Einzelgespräche in außerschulischen Kontexten oder Besuche der Lehrer bei den betroffenen Jugendlichen zu Hause können ebenfalls hilfreich sein. »Die Zeit, die ich in die Beziehungsgestaltung investiert habe, habe ich später im Unterricht um ein Mehrfaches wieder aufholen können, weil viel weniger Störungen bzw. Probleme zu klären waren«, berichtete eine Lehrerin.

Der Lehrer ist leitender Repräsentant der Gesellschaft, in der die destruktiven Verhaltensweisen stattgefunden haben. Jemand, der auf eine negativ bewertete Art und Weise Regeln dieser Gemeinschaft verletzt, stellt sich damit nicht nur gegen einzelne Personen, sondern auch an den Rand dieses Gesellschaftssystems. Öffentliche Wiedergutmachung bietet dem betroffenen Schüler die Möglichkeit der Reintegration in diese Gesellschaft, stellt die Würde der betroffenen Opfer wieder her, verbessert die Klassenatmosphäre und stärkt die Autorität des Lehrers.

Während bei der traditionellen Autorität davon ausgegangen wurde, dass ein »Täter« intensive Reue zeigen müsse, sich danach »ehrlich« entschuldigen, den Schaden »reparieren« und sich einer Strafe unterziehen müsse, meint man mit Wiedergutmachung etwas anderes. Der Lehrer wendet sich als Repräsentant eines Unterstützungsnetzwerks an den Schüler. Dieses Unterstützungsnetzwerk bietet dem betroffenen Schüler Hilfe dabei an, eine entsprechende Wiedergutmachungsgeste zu leisten.

In dieser Anleitung werden zwei Aspekte besonders fokussiert:

(1) Gemeinsam mit dem Schüler wird ein Bericht bzw. ein Brief verfasst, in dem er das, was er getan hat, darlegt und dieses Verhalten bedauert. Dieser Schritt ist Voraussetzung für den zweiten Schritt, die sichtbare Geste.

Wenn dieser Prozess noch mit sehr viel Gegenwehr behaftet ist, dann eignen sich das »Schweigende Gespräch« oder das »Sit-in«, um mehr Nachhaltigkeit zu erwirken. Auch die Erweiterung des Netzwerks ist in der Regel sehr hilfreich.

Ebenso kann auch eine zwischenzeitliche stellvertretende Wiedergutmachungsgeste förderlich sein. Dabei übernehmen die verantwortlichen Erwachsenen die Durchführung einer Geste. Dadurch sehen die Geschädigten, dass der Prozess noch aufrechterhalten wird, und die zuvor Schädigenden bekommen mit, dass die Erwachsenen in der Forderung nach einer Wiedergutmachungsleistung nicht nachlassen werden.

(2) Als sichtbare Wiedergutmachung vollführt man eine Geste des guten Willens zugunsten der Geschädigten. Es soll etwas Konkretes sein, damit am Ende für alle ein gutes Gefühl spürbar bleibt. Dabei ist es wichtig, auf die Fähigkeiten und Talente der Beteiligten zu achten.

Omer und von Schlippe (2010) sehen in Wiedergutmachungen eine wertvolle Alternative zu Strafen. »Im Gegensatz zur Bestrafung, deren Ziel Vergeltung und Abschreckung ist, besteht das Ziel der Wiedergutmachung darin, die Verinnerlichung der Wertvorstellung gegen Gewalt zu fördern« (ebd., S. 268). An der Umsetzung sind zudem alle beteiligt, die zum gesellschaftlichen System gehören: Lehrer, Eltern, »Täter« und »Opfer« sowie das weitere Umfeld der Schüler.

6 Leitfaden zum Konzept der »Neuen Autorität«

- Wer oder was braucht Schutz?
- Wer oder was eskaliert? Wie hoch ist die Eskalation einzuschätzen? Was kann dazu beitragen, die Situation kurzfristig zu deeskalieren?
- Um welche Verhaltensweisen geht es ganz genau? Welches Verhalten kann nicht mehr geduldet werden?
- Welche Bedürfnisse/Motivationen stehen hinter dem gezeigten Verhalten?
- Wie wirkt sich dies auf die Präsenz der beteiligten Erziehungsverantwortlichen aus?
- Welche Interventionen sind auf welchen Ebenen erforderlich, um Präsenz (wieder-)herzustellen (Handlungsaspekte)?
- Was ist der nächste Schritt? Auch wenn er noch so klein ist …

In unserem Vorgehen orientieren wir uns an diesem Leitfaden. Aus unserer Sicht kann man für jeden Fall und jede Situation das Vorgehen daraus ableiten.

Wer oder was braucht Schutz?

Zunächst ist vor jeder weiteren Vorgehensweise zu prüfen, ob es jemanden oder etwas gibt, der bzw. das geschützt werden muss, bzw. ob es jemanden gibt, der durch weitere Handlungen möglicherweise in Gefahr geraten könnte. Auch darf der Handelnde selbst nicht in persönliche Gefahr kommen.

Um Personen zu schützen kann es erforderlich sein, vorübergehend Maßnahmen der Beruhigung und Deeskalation zu ergreifen: Beruhigungsecke, separate angrenzende Räume, Beaufsichtigung in anderen Klassen oder Räumen, auch Schulinsel-/Trainingsräume, Entlassungen nach Hause …

Die orientierende Frage bleibt:

Wem oder was dient meine Intervention?

Ziel der Maßnahme soll die Deeskalation und Beruhigung sein – in dem Maße, wie es erforderlich ist, um nach möglichst kurzer Zeit wieder Kontakt und Beziehung aufzunehmen. Auch das Öffentlichmachen ist eine Maßnahme zum Schutz, da mit größerer Öffentlichkeit auch das Maß der allgemeinen Aufmerksamkeit steigt.

Neben Personen können möglicherweise auch Gegenstände oder Werte zu schützen sein. Dies wird ebenfalls am ehesten durch eine öffentliche Bekanntmachung erreicht.

Wer oder was eskaliert? Wie hoch ist die Eskalation einzuschätzen? Was kann dazu beitragen, die Situation kurzfristig zu deeskalieren?

Diese Frage hängt eng mit der ersten zusammen, da Schutzmaßnahmen in jedem Fall deeskalierend wirken. Wie weiter oben schon näher beschrieben kann eine Eskalation an 3 Stellen entstehen: in der Lehrperson selbst, in der Beziehungsdynamik und/oder im System. Je nach Ausmaß der Eskalation entscheidet sich die Intensität der nächsten Schritte.

Grundsätzlich greifen zunächst die Maßnahmen aus dem Handlungsaspekt Selbstkontrolle/Deeskalation.

Für eine Eskalation in der Beziehungsdynamik bzw. beim Schüler kann man gemäß der Wachsamen Sorge vorgehen.

In jedem Fall sollen vor nachhaltigen Maßnahmen zur Veränderung zunächst Schritte eingerichtet werden, die es den Beteiligten möglich machen, reflektiert und lösungsfokussiert vorzugehen.

Um welches Verhalten geht es ganz genau? Welches Verhalten kann nicht mehr geduldet werden?

Dann stellt sich die Frage, um welche Verhaltensweisen und -muster es denn im Besonderen geht. Dabei gilt es, unabhängig von der Bewertung lediglich die Verhaltensweisen zu benennen. An dieser Stelle empfehlen wir, das auch explizit zu tun. Denn wenn wir über Verhaltensweisen und -muster sprechen, reden wir nicht über eine Person oder Gruppe. Dadurch können wir eine differenzierte Sicht auf die Persönlichkeiten und auch die positiven Eigenschaften der Betroffenen einnehmen.

Zudem erlaubt uns das Sprechen über beobachtete Verhaltensweisen einen größeren Spielraum an Veränderungsoptionen, da Personen selbst bekanntlich wenig bis gar nicht beeinflussbar sind. Wie das Konzept der »Neuen Autorität« geht auch die Gewaltfreie Kommunikation nach Marshall Rosenberg (u. a. 2012, 2011, 2004) davon aus, dass die Formulierung von beobachtbaren Verhaltensweisen Veränderungen eher möglich macht, da dies weniger als Angriff, sondern eher als Beobachtung wahrgenommen wird. Die Bereitschaft zur Veränderung erhöht sich somit.

In der Regel ist es an dieser Stelle notwendig zu entscheiden, welche der manchmal zahlreichen nichtakzeptablen bzw. besorgniserregenden Verhaltensweisen eine Form des Widerstands oder eine Intervention benötigt. Da nicht alle Verhaltensweisen gleichzeitig bearbeitet werden können, ist dies auch ein Selbstschutz vor Überforderung. Gleichwohl hat sich gezeigt, dass die Vorgehensweise nach dem gewaltlosen Widerstand gegenüber einer einzelnen Verhaltensweise auch Veränderungen bei anderen mit sich bringt.

Welche Bedürfnisse/Motivationen stehen hinter dem gezeigten Verhalten?

In vielen Fällen wird uns schnell sichtbar, welches Bedürfnis oder welche Motivation hinter der wahrgenommenen Verhaltensweise liegt. Dies kann man bei der Vorgehensweise entsprechend berücksichtigen. Unabhängig davon sollten der eigene Protest bzw. die eindeutige Selbstaussage in Bezug auf das Verhalten dadurch nicht geschmälert werden. Allerdings wissen wir aus Erfahrung, dass bedürfnisbezogene Angebote eher deeskalierend wirken und einfacher anzunehmen sind. Im Muster einer symmetrischen Eskalation ist die Erwartungshaltung geprägt von der Annahme, dass die Reaktion der anderen Seite eine erneut eskalierende und auf den Sieg ausgerichtete sein muss. Ein Angebot an das vermutete Bedürfnis gehört insofern nicht in das erwartete Muster und verwirrt eher – dies spart etwas Energie, wenn man somit nicht mehr im gleichen Muster reagieren muss.

Wie wirkt sich dies auf die Präsenz der beteiligten Erziehungsverantwortlichen aus?

Handlungsweisen anderer Menschen wirken sich auf die Wirksamkeit von Lehrkräften und Pädagogen in der Schule aus. Sollten diese feststellen, dass es ein Problem gibt, dem es zu begegnen gilt, dann wird es eine oder mehrere Dimensionen der Präsenz geben, die geschwächt bzw. betroffen sind. Es gilt also zu überprüfen, ob es im Bereich der physischen Präsenz, der pragmatischen Präsenz, der intentionalen oder emotional-moralischen Präsenz, der internalen oder der systemischen Präsenz Handlungsbedarf zur Stärkung gibt. Sind alle Präsenzdimensionen funktional wirksam, wird das, was Schulpädagogen beobachten, kein Problem darstellen. Ein Problem entsteht aus systemischer Perspektive dadurch, dass wir eine Situation bzw. ein Verhalten als problematisch bewerten. Es wird also erst durch die eigene Perspektive (sprich: Präsenzsituation) zu einem Problem. Entsprechend benötigen die Lehrkräfte und Pädagogen dort eine Stärkung, wo sie glauben, dass das Problem eben ein solches ist.

Wenn deutlich geworden ist, an welcher Stelle die Präsenz zu stärken ist, dann ergeben sich die nächsten notwendigen Schritte.

Welche Interventionen sind auf welchen Ebenen erforderlich, um Präsenz (wieder-)herzustellen (Handlungsaspekte)?
Betrachten wir die beobachtbaren Verhaltensweisen, erleben wir daraufhin, an welcher Stelle die Präsenz der Lehrer geschwächt ist. Dies können wir insbesondere durch die Gedanken und Gefühle der Betroffenen feststellen. Die Frage ist dann, was die Präsenz dieser verantwortlich handelnden Personen wieder stärken kann.

Alle notwendigen Maßnahmen zielen nicht primär auf Veränderungen des Schülers. Es geht um die Stärkung der Erziehungsverantwortlichen, die aufgrund ihrer gestärkten Präsenz ihren Handlungsrahmen so gestalten können, dass das nicht geduldete Schülerhandeln weniger sinnvoll bzw. nicht mehr wirksam wird, sich also infolgedessen wahrscheinlich verändert.

Was ist der nächste Schritt?
Auch wenn er noch so klein ist …

Aus den vorstehenden Überlegungen ergibt sich möglicherweise ein Vorgehen in einzelnen Schritten oder auch zunächst nur ein kleiner nächster Schritt. Wie dieser aussieht, entscheidet letztlich die Lehrperson oder die Lehrergruppe, die sich zum Handeln entschlossen hat.

Zentral aus unserer Sicht bleibt: Es sollte in jedem Fall ein sichtbarer Schritt folgen, der auch im Beobachterkreis öffentlich gemacht wird. Dies markiert die Übernahme der Verantwortung und klärt die Situation für alle Beteiligten.

Dieser Leitfaden dient als Orientierungshilfe. Für die Umsetzung benötigen Sie aber möglicherweise noch weitergehende Hilfestellungen. Auf unserer Homepage finden Sie weitere Informationen und Arbeitsmaterialien:

www.neueautoritaet.de.

Literatur

Asen, E. (2013): So gelingt Familie. Hilfen für den alltäglichen Wahnsinn. Heidelberg (Carl-Auer), 2. Aufl.

Arendt, H. (1957): Macht und Gewalt. München (Piper).

Arendt, H. (1970): Fragwürdige Traditionsbestände im politischen Denken der Gegenwart. Frankfurt a. M. (Europäische Verlagsanstalt).

Bauer, J. u. T. Unterbrink (2008): Freiburger Studie: Was Lehrer krank macht. (Pressemitteilung der Privaten Universität Freiburg. Stabsstelle Öffentlichkeitsarbeit).

Baumann-Habersack, F. (2015): Mit neuer Autorität in Führung. Warum wir heute präsenter, beharrlicher und vernetzter führen müssen. Wiesbaden Wiesbaden (Springer Gabler).

Bohne, M. (Hrsg.) (2013): Klopfen mit PEP: Prozess- und Embodimentfokussierte Psychologie in Therapie und Coaching. Heidelberg (Carl-Auer), 2., aktual. U. erw. Aufl.

Dishion, T. J. a. R. J. McMahon (1998): Parental monitoring and the prevention of child and adolescent. *Clinical Child and Family Psychology* (Review) 1: 61–75.

Hattie, J. (2014): Lernen sichtbar machen. Baltmannsweiler (Schneider Hohengehren), 3. überarb. Aufl. [engl. Original (2012): Visible Learning. Abingdon (Taylor & Francis).]

Holler, I. (2010): Trainingsbuch Gewaltfreie Kommunikation. Paderborn (Junfermann).

Hubrig, C. u. P. Herrmann (2007): Lösungen in der Schule. Heidelberg (Carl-Auer).

Juul, J. (2013): Schulinfarkt. München (Kösel).

Keller, H. (2013): Autonomie und Verbundenheit – menschliche Grundbedürfnisse und kulturelle Werte. In: M. Grabbe et al. (Hrsg.): Autorität, Autonomie und Bindung. Die Ankerfunktion bei elterlicher und professioneller Präsenz. Göttingen (Vandenhoeck & Ruprecht).

Körner, B. u. M. Lemme (2011): »Neue Autorität« als Haltungs- und Handlungskonzept im eigenen professionellen Handeln. *Systema* 3 (25): 205–217.

Körner, B. u. L. Stephan (2011). Körperliche Präsenz – ein unterstützendes Konzept für das Coaching zur Entwicklung elterlicher und professioneller Präsenz. *Systhema* 3 (25): 218–236.

Ksienzyk, B. u. U. Schaarschmidt (2005): Beanspruchung und schulische Arbeitsbedingungen. In: U. Schaarschmidt (Hrsg.): Halbtagsjobber? Psychische Gesundheit im Lehrerberuf – Analyse eines veränderungsbedürftigen Zustandes. Weinheim (Beltz), S. 72–87.

Lemme, M. u. A. Eberding (2007): Präsenz, Beziehung und Widerstand. In: GEW (Hrsg.), LiV Spektrum 2007. Bad Homburg (Mensch und Leben), S. 7–11.

Lemme, M., R. Bojarzin u. F. Tepaße (2011): Autorität durch Beziehung in der Schule. *Zeitschrift für Systemische Therapie und Beratung* 29 (2): 62–72.

Lemme, M., A. Eberding u. R. Tillner (2004/2012): Präsenz schafft Autorität. Coaching von Lehrerinnen und Lehrern im gewaltlosen Widerstand gegen soziale Störungen und destruktive Verhaltensweisen in der Schule. In: A. von Schlippe u. M. Grabbe: Werkstattbuch Elterncoaching. Göttingen (Vandenhoek & Ruprecht), 3. Aufl.

Lemme, M., R. Tillner u. A. Eberding (2009): »Neue Autorität« in der Schule. *Familiendynamik* 3: 276–283.

Marks, S. (2005): Von der Beschämung zur Anerkennung. *bildung & wissenschaft* 10: 6–13.

Olweus, D. (1991): Bully/victim problems among school children. Some basic facts and effects of a school-based intervention program. In: D. Pepler a. K. Rubin (eds.): The development and treatment of childhood aggression. Hilldale, NJ (Erlbaum), pp. 411–448.

Olweus, D. (2008): Gewalt in der Schule. Was Lehrer und Eltern wissen sollten – und tun können. Bern/Stuttgart (Huber).

Omer, H. (2009): »Das Alarmsystem«. Zum Thema »Sicherheit« in der Schule. Handout zum Vortrag auf der Tagung »Stärke statt Macht«, Osnabrück, 19.–21.03.2009.

Omer, H. (2010): Stärke statt Macht. Die neue Autorität in Familie, Schule und Gemeinde. Göttingen (Vandenhoeck & Ruprecht).

Omer, H. (2015): Wachsame Sorge. Wie Eltern ihren Kindern ein guter Anker sind. Göttingen (Vandenhoeck & Ruprecht).

Omer, H. u. E. Lebowitz (2012): Ängstliche Kinder unterstützen. Die elterliche Ankerfunktion. Göttingen (Vandenhoeck & Ruprecht).

Omer, H. u. E. Lebowitz (2015): Ängstliche Kinder unterstützen. Die elterliche Ankerfunktion. Göttingen (Vandenhoek & Ruprecht).

Omer, H., A. Nahl u. A. v. Schlippe (2007): Feindbilder. Psychologie der Dämonisierung. Göttingen (Vandenhoek & Ruprecht).

Omer, H. u. A. von Schlippe (2004): Autorität durch Beziehung. Die Praxis gewaltlosen Widerstands in Beratung und Therapie. Göttingen (Vandenhoeck & Ruprecht).

Omer, H. u. A. v. Schlippe (2010): Stärke statt Macht. Neue Autorität in Familie, Schule und Gemeinde. Göttingen (Vandenhoeck & Ruprecht).

Recke, T. von der (2013): Ohnmacht, Hilflosigkeit und Scham in Unterstützungssystemen, Bündnisrhetorik. Unveröffentl. Vortrag, Dez. 2013.

Rosenberg, M. B. (2011): Erziehung, die das Leben bereichert: Gewaltfreie Kommunikation im Schulalltag. Paderborn (Junfermann).

Rosenberg, M. B. (2004): Konflikte lösen durch Gewaltfreie Kommunikation. Freiburg (Herder).

Rosenberg, M. B. (2012). Gewaltfreie Kommunikation: Eine Sprache des Lebens. Paderborn (Junfermann).

Rothland, M. (2007): Soziale Unterstützung. In: M. Rothland (Hrsg.): Belastung und Beanspruchung im Lehrerberuf. Wiesbaden (Verlag für Sozialwissenschaften), S. 249–266.

Rothland, M. (Hrsg.) (2007): Belastung und Beanspruchung im Lehrerberuf. Wiesbaden (Verlag für Sozialwissenschaften).

Schaarschmidt, U. (Hrsg.) (2005): Halbtagsjobber? Psychische Gesundheit im Lehrerberuf – Analyse eines veränderungsbedürftigen Zustandes. Weinheim (Beltz).

Schaarschmidt, U. u. U. Kieschke (2007): Beanspruchungsmuster im Lehrerberuf. In: M. Rothland (Hrsg.): Belastung und Beanspruchung im Lehrerberuf. Wiesbaden (Verlag für Sozialwissenschaften), S. 81–98.

Schlippe, A. von u. J. Schweitzer (2013): Lehrbuch der systemischen Therapie und Beratung. Göttingen (Vandenhoek & Ruprecht), 2. Aufl.

Schulz, K. (2011): Moralische Emotionen. (Dissertation Technische Universität Chemnitz).

Sharp, G. (2011): Von der Diktatur zur Demokratie. Ein Leitfaden für die Befreiung. München (Beck).

Sharp, G. (2012): Das politische Äquivalent des Krieges – die gewaltlose Aktion. Verfügbar unter: https://rexcaliburn.wordpress.com [18.07.2012].

Storch, M., F. Krause u. Y. Küttel (2007): Ressourcenorientiertes Selbstmanagement für Lehrkräfte. In: M. Rothland (Hrsg.): Belastung und Beanspruchung im Lehrerberuf. Wiesbaden (Verlag für Sozialwissenschaften), S. 290–309.

Weinblatt, U. a. H. Omer (2008): Non-violent resistance: A treatment for parents of children with acute behavior problems. *Journal of Marital and Family Therapy* 34: 75–92.

Über die Autoren

Martin Lemme, Diplom-Psychologe, Psychologischer Psychotherapeut, eigene Praxis mit KV-Zulassung (VT) für alle Altersgruppen, Systemischer Therapeut, Systemischer Supervisor, Systemischer Coach für Neue Autorität; Partner in SyNA: Systemisches Institut für Neue Autorität

www.neueautoritaet.de

www.praxis-lemme.de

Bruno Körner, Diplom-Sozialpädagoge (FH), Systemischer Familientherapeut; Systemischer Coach für Neue Autorität, Partner in SyNA: Systemisches Institut für Neue Autorität.

www.neueautoritaet.de

Bisher erschienene »Spickzettel für Lehrer«

Bd. 1 • Staake • **Motiviert in den Unterricht**
ISBN 978-3-8497-0014-0

Bd. 2 • Pfannmöller • **Der systemische Lehrer**
ISBN 978-3-8497-0428-5

Bd. 3 • Mandac • **Lehrer-Eltern-Konflikte systemisch lösen** • *ISBN 978-3-8497-0013-3*

Bd. 4 • Hergenhan • **Keine Beleidigungen mehr!**
ISBN 978-3-8497-0021-8

Bd. 5 • Erbring • **Inklusion ressourcenorientiert umsetzen** • *ISBN 978-3-8497-0022-5*

Bd. 6 • Forster/Waterkamp • **Systemisch denken – Schule erfolgreich leiten** • *ISBN 978-3-8497-0023-2*

Bd. 7 • Warkus • **Lehren in Balance**
ISBN 978-3-8497-0024-9

Bd. 8 • Reinicke • **Mit ADHS und Freude durch den Schulalltag** • *ISBN 978-3-8497-0026-3*

Bd. 9 • Kossak • **Prüfungsangst – Beraten aus sieben Perspektiven** • *ISBN 978-3-8497-0058-4*

Bd. 10 • Lauterbach/Dressel • **Gesund in der Schule**
ISBN 978-3-8497-0059-1

Bd. 11 • Molter/Nöcker • **Systemisch Schule machen**
ISBN 978-3-8497-0074-4

Bd. 12 • Steiner • **Wenn Kinder und Jugendliche sich zurückziehen** • *ISBN 978-3-8497-0082-9*

Bd. 13 • Timpner/Eckert • **Körpersprache in der schulischen Kommunikation**
ISBN 978-3-8497-0093-5

Bd. 14 • Wolf • **Der Klassenrat**
ISBN 978-3-8497-0094-2

Bd. 15 • Wyrwa • **Pro Mensch – kontra Mobbing**
ISBN 978-3-8497-0101-7

Bd. 16 • Lemme/Körner • **»Neue Autorität« in der Schule** • *ISBN 978-3-8497-0429-2*

Bd. 17 • Baumer • **Elterngespräche mit Trennungs-, Scheidungs- und Patchworkfamilien**
ISBN 978-3-8497-0181-9

Bd. 18 • Harkcom • **Unterrichtsstörungen meistern**
ISBN 978-3-8497-0199-4

Bd. 19 • Scholz • **Die Kunst des unglücklichen Lehrens** • *ISBN 978-3-8497-0222-9*

Bd. 20 • Winter • **Jungen fördern in der Schule**
ISBN 978-3-8497-0248-9

Bd. 21 • Wyrwa • **Mobbing unter Lehrern**
ISBN 978-3-8497-0271-7